筑摩選書

落合淳思
Ochiai Atsushi

漢字の成り立ち

『説文解字』から最先端の研究まで

はじめに

現在、我々はさまざまな道具に囲まれて生活している。携帯電話やコンピュータ、あるいは自動車やデジタルテレビなど、それらがどのようにして作られ、またどのような仕組みであるのかは、とても興味深いことである。また、古くからある道具であっても、陶磁器のように今なお発達を続けているものが少なくない。

そして、我々が最も頻繁につかう道具のひとつに漢字がある。日本で普通に生活していれば、漢字を見ない日は一日もないはずである。漢字がどのように作られ、また字形がどのような意味を持っているのかについて、興味を持つ人も多いだろう。実際に、新聞のコラムやテレビのクイズ番組などでも漢字の成り立ちをテーマにしているものがよく見られる。

漢字の成り立ちのことを「字源《じげん》」と呼び、その研究を「字源研究」という。多くの人々が興味を持つ事柄であるから、字源研究もさぞ盛んだろうと思われるかもしれない。しかし、実のところ、ここ三十年ほどの間は字源研究が停滞していたのである。

一九七〇年代ごろまでは古代文字の研究者が多く、漢字の成り立ちを含め、様々な視点から研究がされていた。しかし、一九八〇年代以降に研究者が減少し、字源研究についてもほとんど行われなくなったのである。

また、過去の研究者が権威化したことも研究を妨げる要因であった。字源の研究者として知られているのは、加藤常賢《かとうじようけん》・白川静《しらかわしずか》・赤塚忠《あかつかきよし》・藤堂明保《とうどうあきやす》（生年順）など錚々《そうそう》たる顔ぶれである。このうち白川静は文化勲章を受章しており、藤堂明保もその学説が多くの漢和辞典に引用されている。そのため、残された研究者たちも彼らの学説に反駁《はんばく》しにくい状態になったようだ。

結果として、現在知られている「漢字の成り立ち」は三十年以上も前の古い研究が中心であり、誤解や曲解が多い。そして、コラムの字源解説やクイズ番組の答えもそれを元にしているため、実は正しくない解釈であることが少なくない。

一方、その三十年の間も、古代文字の資料を整理する作業が続けられており、現在では文字の検索や字形の調査がかなり容易にできるようになっている。筆者は、先に挙げた研究者たちに比べれば字源研究に取り組んだ時間は短いかもしれないが、そうした整理された資料を利用することで、過去の研究を検証することが可能になるのである。

ついでに言えば、筆者は白川静や藤堂明保らの年代と比べると孫ぐらいにあたるので、世代的に隔絶しており、しかも直接の師弟関係がないため、批判をしやすい立場にある。本書では、権威にとらわれることなく、新しい知見に基づいて過去の字源研究を検証し、さらに最新の成果を提示したい。

本書は、第一章と第二章で漢字の成り立ちについて概要を述べ、第三章で字源研究の歴史を要約する。そして、第四章から第六章では、過去の研究への批判や検証を中心として、字音・字形・字義という漢字の各要素から字源を分析する。また第七章では、筆者が近年に明らかにした最新の成果をいくつかとりあげる。

なお、本書は過去の研究を批判的に見ていくが、その成果を完全に否定することが目的ではない。過去の研究には、それぞれに長所があり短所があった。短所を批判し、長所を継承することが学術の基本である。本書は、過去の研究のうち、将来でも役立つ部分とそうでない部分を明らかにし、さらなる字源研究の発展を目的とするものである。

追記・本書はＪＳＰＳ科研費２５８７０９０４の助成を受けています。

本書の凡例

・楷書については新字体で表記し、必要な場合には（　）の中に旧字体を挙げる。ただし、字形の違いが微細な場合は省略する。また、初文（第二章参照）は〈　〉に表示し、派生字は《　》に入れる。

・古代文字については、特に注記がない場合は現存最古の漢字資料である甲骨文字の字形である。

・原資料の引用について、「…」は欠損などの理由で読解できない部分、「…（略）…」は筆者が省略した部分である。

・甲骨文字の字形を分析や解説の対象にした文字は、各ページの端に大きく掲載した。また本書末尾の文字索引に対応している。

・以下の研究者の学説については、特に注記がない限り、最も大部の字典から引用している（第五・六章参照）。

加藤常賢……『漢字の起原』（角川書店、一九七〇年）

藤堂明保……『学研　漢和大字典』（学習研究社、一九八〇年）

白川静……『字統』（平凡社、一九八四年。引用部分は二〇〇四年修訂版を使用）

漢字の成り立ち　目次

漢字の成り立ち

『説文解字』から最先端の研究まで

第一章

漢字の誕生と継承

漢字を生んだ古代中国文明

よく知られているように、漢字は古代中国で作られたものであるが、それに限らず、古代中国は東アジアの文明の原点であり、様々な技術や文化が形づくられた。

古代において日本が輸入したものを見ても、漢字のほか農耕や金属器技術など、国家の形成に不可欠なものが多い。そのほか、律令制度や都城設計、あるいは貨幣や呉服（和服）なども中国から学んだものである。また、日本の仏教も、多くの宗派が中国においてアレンジされた大乗仏教を元にしている。

中国は、現代でこそ発展が遅れた国と見なされるが、それはモンゴル帝国（十三〜十四世紀）によって全土を征服されて以降、文化的に停滞したからであり、北宋《ほくそう》王朝（十〜十二世紀）ごろまでは世界でも最高水準の科学技術を持っていた。のちに西欧諸国が世界に拡大する原動力となった羅針盤・火薬・製紙技術・活字印刷などは、すべて中国で発明されたものである。

漢字もそうした発明品のひとつである。しかも、古代文明の文字としては唯一、現在も使われているという特徴がある。

漢字よりも古い文字として、メソポタミア文明の楔形《くさびがた》文字や古代エジプトのヒエログリフ、あるいはインダス文明の印章文字が知られているが、いずれも今では一般に使用されていない。ヒエログリフについては、一部が形を変化させてアルファベットになったものの、発音のみを表す文字として使われたため、個々の文字が持っていた意味は失われてしまった。

　これに対し、漢字は形だけではなく意味も継承されている。例えば、「山」はもとは山脈の形（）であり、この形が変化しつつも現代まで継承され、字形だけではなく「やま」の意味も残っている。同様に、「魚」も古くは魚の形（）をしており、これも元来の意味が伝わっている。

　つまり、現在でも使われている文字としては、漢字は世界最古の歴史を持っているのである。

　第一章では、この長い歴史を持つ漢字について、その成立と発展を時代ごとに述べていきたい。

新石器時代の陶文

　中国では、早い段階から新石器時代が始まっていた。黄河中流域の新石器文化としては仰韶《ぎょうしょう》文化がよく知られているが、それよりも古い地層から磁山《じざん》・裴李岡《はいりこう》文化（紀元前六千～前五千年ごろ）の存在が確認されており、すでに農耕・牧畜のほか竪穴式住居や土器の製作技術を獲得していた。この時代の土器は「灰陶《かいとう》」と呼ばれる無地の素焼きであり、日本の縄文土器と同じように縄文や櫛目《くしめ》文を付けることもあった。

　磁山・裴李岡文化では、小規模だが集落が作られており、また陶器を焼く窯《かま》や共同墓地などが設けられていた。墓地は各遺跡で向きが斉一しており、おそらく集落全体で何らかの信仰を共有しており、それを反映したものであろう。

　これに続くのが仰韶文化（紀元前五千～前二千五百年ごろ）であり、この時代には集落が大規模

図表1　仰韶文化の彩陶と陶文（『姜寨』から引用）

化した。大きなものは数万平方メートルの面積があり、数十棟の竪穴式住居を内包している。また、当時は戦争が発生していたようであり、仰韶文化の集落からは防御用の環濠《かんごう》（集落の周りに巡らせた空堀）が発見されている。

陶器についても、彩色をする「彩陶《さいとう》」が作られるようになった。彩陶は黒や赤の顔料で着色した土器であるが、比率としては従来からある灰陶の方が多く、彩陶は神を祭る儀式で使われた特別なものだったと推定されている。

図表1の左に彩陶の一例を挙げた。これは赤地の土器に黒で彩色されたものであり、器の内側には人面や魚のような文様が残されている。文様は信仰の対象を表したものと推定されており、この器が神聖な儀式で用いるものであったことを示している。

新石器時代の集落は信仰によって結びついており、神への儀式によって一体性を保っていた。現在でこそ法律や規則などが社会の形成において重要になっているが、原始的な時代には信仰の共有によって社会が維持されていたのである。

さらに、仰韶文化の彩陶には、一部に記号が刻まれており、「陶文《とうぶん》」と通称される。図表1の右に仰韶文化の陶文の例を挙げた。

個々の陶文が何を表しているのか、確実には分からないが、後の時代の文字（カッコ内は甲骨《こうこつ》文字《もじ》）と比較すると、「巾」は布を表す巾《きん》（巾）とほぼ同じ形であり、また「⺿」は草（屮）か木（木）のようである。「※」についてはヒツジの頭部を表した羊（羊）に近く、また「乚」は十干《じっかん》のひとつである乙（乙）がやや似ている。

ただし、仰韶文化の陶文は「文字」ではなく「記号」であったと考えられている。文字と記号を明確に区分することは難しいが、一般的には人間の言葉を表現できるものが文字とされる。仰韶文化の陶文は「巾」や「羊」のような具体的な対象物を表示することはできたようだが、形容詞や代名詞のような抽象的な概念がなく、また言葉を反映した文章も残っていない。したがって、この段階ではまだ「文字」ではなく、漢字は成立していないことになる。

なお、仰韶文化では集落が大きくなっていることから、おそらく農耕や牧畜も大規模化し、住民を統率する数人のリーダーが存在していたと推定される。実際に、仰韶文化の集落遺跡からは、内部にいくつかの大型住居が発見されることがあり、ここにリーダーが住んでいたと思われる（リーダーが開催する集会の場とする説もある）。このようにして意思疎通が必要な場面が増え、その結果として、情報伝達のひとつの手段に記号が使用されたのかもしれない。

仰韶文化に続く時代は、竜山《りゅうざん》文化（紀元前二千五百～前二千年ごろ）と呼ばれる。この時代には、彩陶よりもさらに発達した「黒陶《こくとう》」が作られるようになった。黒陶はろくろを用いて形成し、高温で焼成する土器であり、薄手で硬いことが特徴である。竜山文化は、厳密には、黄河中流域が中原《ちゅうげん》竜山文化、下流域が山東《さんとう》竜山文化として区分され、このうち山東竜山文化では、後述するように文字が出現していた可能性もある。

さらに、このころには中国各地で高度な新石器文化が発達しており、黄河流域だけではなく、長江流域の良渚《りょうしょ》文化でも記号が用いられていた。各地の新石器文化は相互に交易をしており、出土品にも一定の共通点があるが、記号については発見された種類が少ないため、その情報が共有されていたのかどうかは不明である。

初期の王朝と文字の発達

中国では、紀元前二千年紀の初頭において、王朝と呼びうる政治組織が出現した。それが二里《にり》頭《とう》文化（紀元前二十～前十六世紀）の時代である。この時代の王朝は黄河中流域を支配し、また巨大な宮殿を建設したり、青銅器を製作する技術を獲得していた。

なお二里頭文化は、文献資料に記された「夏《か》王朝」の想定する年代と近いため、それと同一視されることがあるが、「夏王朝」の記述は二里頭文化の記録ではなく、千年以上も後の春秋戦国《しゅんじゅうせんごく》時代（紀元前八～前三世紀）に初めて出現するものであり、後代に作られた神話にすぎない。

漢字は二里頭文化にはすでに出現していた可能性が高く、この時代の陶文には漢字と共通する形が見られる。ただし、文章になったものは見つかっておらず、個々の字形が単独で見られるだけである。

当時は、おそらく命令や布告などは木簡や竹簡に記入していたのであろうが、木や竹に書いた文字は、特殊な環境でなければ長い年月の間に腐食して無くなってしまうため、現在では残っていないのである。

図表2　丁公遺跡の陶文（『竜山文化』から引用）

そのため、漢字の成立時期について詳しくは分からないのだが、近年、その手がかりになるものが発見された。それは、二里頭文化に先立つ山東竜山文化の陶文であり、文字のようなものが記されている。

それを図表２に挙げた。丁公《ていこう》遺跡という所から発見された陶文なので「丁公文字」と通称されるが、曲線を中心とした形であり、漢字とは別の文字系統である。一説には、中国の西南地方で少数民族が用いる「彝《い》文《も》字《じ》」に近いとも言われるが、正確な解読はできていない。

したがって、これが「記号」か「文字」かを確実に判断することはできないのだが、二字ずつ並んでいるところを見ると、何らかの文章を表示していると考えるのが自然であろう。

このように、黄河下流域の山東竜山文化で文字またはそれに近いものが出現していたのであるから、黄河中流域でも同様に文字が発達していたとしても不思議ではない。ただし、黄河中流域の中原竜山文化は、山東竜山文化に比べて社会組織や都市の発達が遅いので、同時期に文字が存在していたことも確実とは言えない。

結局のところ、現状の資料では、漢字の出現は紀元前二千年の前後、すなわち竜山文化の末期から二里頭文化の初期というおおよその時代範囲を推定できる程度なのである。

殷代後期の甲骨文字

二里頭文化やそれに続く二里岡《にりこう》文化（紀元前十六〜前十四世紀）の遺跡からは、文字資料はごく僅かしか発見されていない。二里岡文化は、王朝としては殷《いん》王朝の前期にあたり、黄河中流南岸の鄭州《ていしゅう》遺跡（現在の鄭州市）に都を置いていた。

ただし、文章を記したものとして、二里岡文化の骨片のひとつに「土羊乙貞従受…」（下部が欠損）とあるものが発見されており、漢字が使われていたことは間違いない。この文章は、「土（神名）に羊もちいんか。乙（日付）貞《と》う、従うに…を受くるか」と訓読することができ、現存の資料では最古の漢文である。

一方、殷王朝の後期にあたる殷墟《いんきょ》文化（紀元前十三〜前十一世紀）の時代には、やや下流の殷墟遺跡（現在の安陽市）に都を置いていたが、ここからは大量の文字資料が発見されている。

中国では、新石器時代から亀の甲羅や家畜の肩甲骨を用いた占い、すなわち甲骨占卜《こうこつせんぼく》が行われていた。占いの方法は、甲骨に熱を加え、生じたひび割れの形によって将来の吉凶を判断するものである。さらに、殷代後期には占いに使用した甲骨に占卜の内容を刻むという習慣が流行した。これが「甲骨文字《こうこつもじ》」であり、「卜辞《ぼくじ》」とも呼ばれる。甲骨は木や竹に比べて硬い材質であるため、地中でも腐食しにくく、三千年の時を経て近代に発見された。

現在までに発見された甲骨文字は約七万片にのぼり、文字数は約百万文字（一部が欠損したものも含む）と推定される。したがって、まとまった数量が残っているものとしては殷代後期の甲骨文字が最古の漢字資料であり、漢字の成り立ちを知るうえで最も重要な資料なのである。

甲骨文字に記された占卜は、その多くが王の主宰によるものであり、王自身が吉凶判断をしたものも多く見られる。また占卜の内容には、王自身の安否や夫人の出産のような王の身辺だけではなく、祭祀や狩猟の挙行、あるいは収穫や降雨の有無、さらには戦争の可否まで含まれており、しかも、殷王朝では占卜の結果に従って祭祀や戦争などが行われていた。つまり、当時の王は、重要な政策であっても占卜でその実行を決定していたのである。

もっとも、当時の占卜は純粋な占いではなかった。これは筆者が実験によって明らかにしたことであるが、殷代の甲骨占卜では、あらかじめ甲骨の背面に加工がされており、王が望んだ結果が出るようになっていたのである。

甲骨の背面には「鑽鑿《さんさく》」と呼ばれる窪みが彫られており、浅く丸い窪みが「鑽」、深く長い窪みが「鑿」である（図表3の右側を参照）。実験の結果、鑽は単に甲骨を割れやすい厚みにするための加工であったが、鑿はひび割れの形をコントロールするための加工であることが判明した。

鑿を作らずに甲骨に熱を加えると、不規則にひび割れが発生することが多い。この場合には、ひび割れの形は予測不可能であるから、これが本来の占いの形態だったことになる。しかし、鑿を作ることによって、甲骨の表側には鑿にそって縦長のひび割れが発生し、同時に熱を加えた部分から鑿に向けて横向きのひび割れが発生するので、結果として「卜《ぼく》」字形のひび割れになる（図表3の左側を参照）。これが殷代の甲骨占卜における「吉兆」であり、鑿を作ることによって

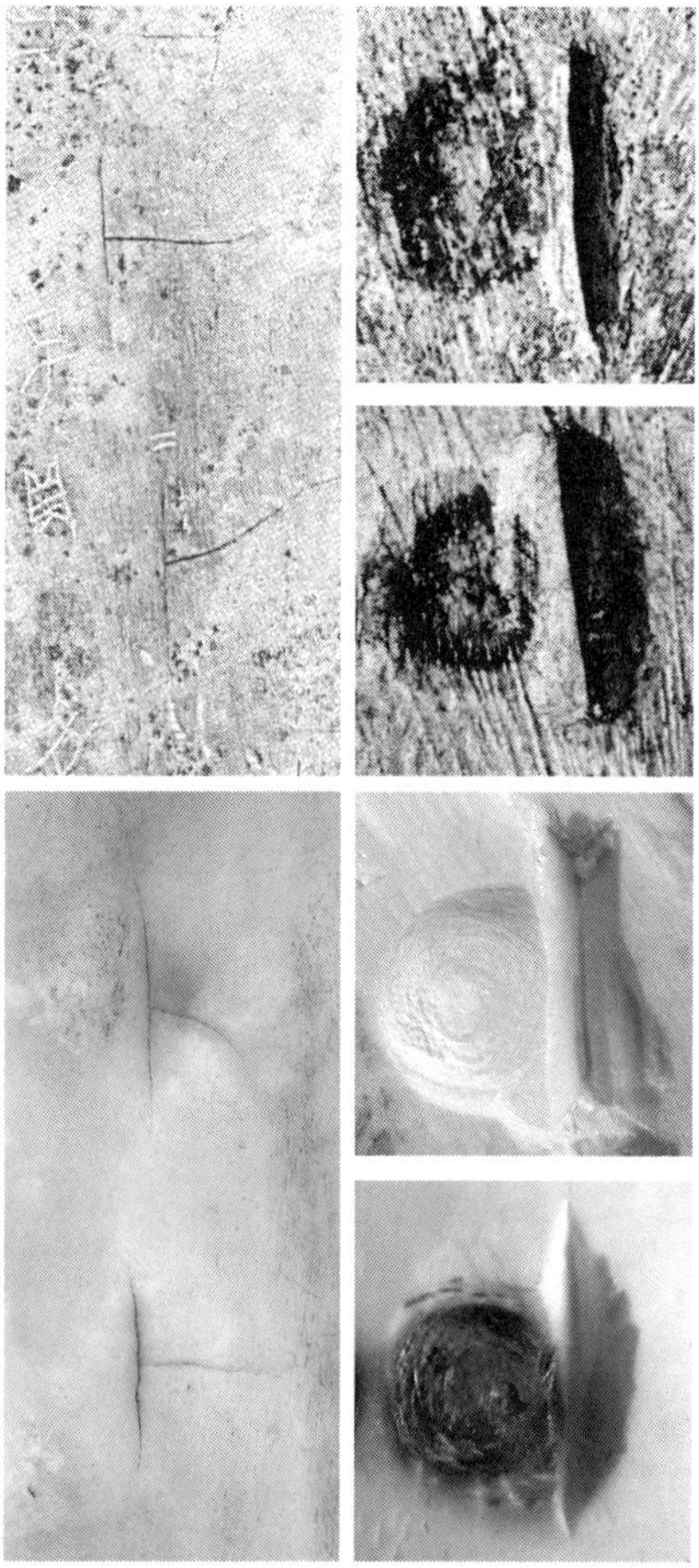

図表3　鑽鑿とひび割れ（上段：殷代のもの。『卜骨上的鑿鑽形態』および『殷墟小屯村中村南甲骨』から引用。下段：筆者の実験）

発生する縦長のひび割れが長いほど「大吉」とされている。

このように、殷代の甲骨占卜は事前に操作がされていた。殷代の政治は甲骨占卜を通して行われたため、「神権政治《しんけんせいじ》」と通称されるが、それは「神に頼った政治」ではなく「神の名を利用した政治」だったのである。

なお、殷王朝は神への信仰を通した支配を行っていたため、漢字にも、神に対して音楽や酒などを捧げる儀礼を元にした文字が多い。

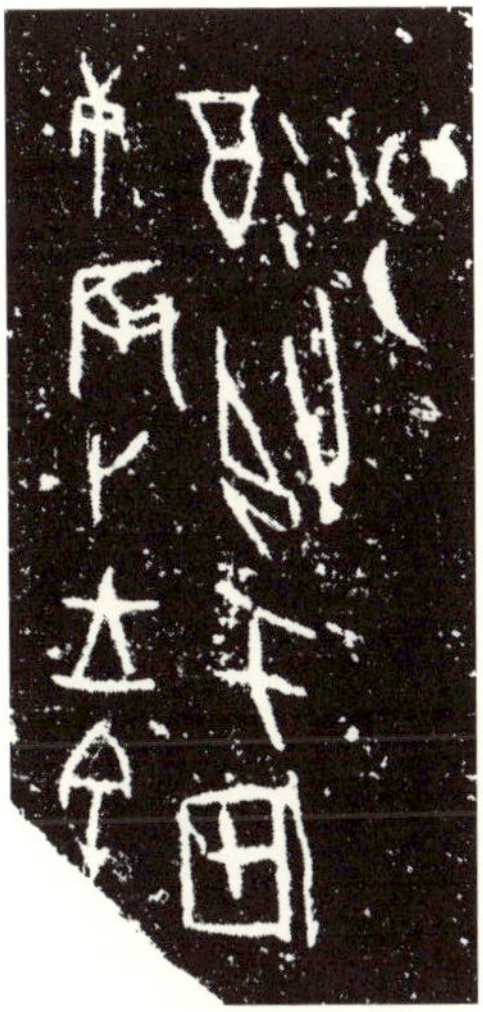

図表4　殷代の祭祀儀礼（『甲骨文合集』19809。右行）

図表4の甲骨文字には、そうした祭祀儀礼の一例が記されている。これは「拓本《たくほん》」といって、甲骨文字や金文《きんぶん》（後述）を写し取る際によく使われる技法であり、文字が刻まれたものに紙を押し付け、その上から墨を塗布するものであり、窪んだ部分以外に墨が付着するため文字が白く浮き上がる。

この文章は、神話上の殷の始祖である上甲《じょうこう》（田）への祭祀を占ったものであり、内容は、「庚《こう》辰《しん》の日に卜（占卜）して王（が占った）。私は酒をもちいて上甲に禦《ぎょ》（守護を祈る祭祀）をするのがよいか。八月」と記されている。

また、殷代には家畜を犠牲（生けにえ）にする祭祀も多く、それを元にした漢字も多い。例えば、卯《ぼう》（）は生けにえを切り裂いた状態を表した文字であり、また燎《りょう》（）は組んだ薪《まき》に火をつけた様子を表しており、生けにえを焼き殺す祭祀である。このように、漢字は古代文明で作られたものであるため、今から見れば野蛮な風習も反映されているのである。

さらに、当時は人間も祭祀の犠牲になっていた。殷王朝は多くの戦争捕虜を獲得しており、それを奴隷としていたが、余剰の奴隷を神への生けにえにしたのである。例えば、伐（）という文字は、人（）と武器の一種の戈《か》（）から成り、人の首を切る様を表している。甲骨文字では、「伐」は敵対勢力を討伐する意味にも用いられるが、神への祭祀で人間の首を切って犠牲にする意味にも使われた。実際に、当時の都からは首を切られた遺体が大量に発見されている。

ちなみに、殷王朝が「奴隷制社会」であったと言われることもあるが、当時の甲骨文字や考古学資料からは農奴制や奴隷制生産を確認できない。殷王朝の奴隷は戦争捕虜が供給源であったため、人口比では少数であり、農業生産の主体ではなく王や貴人の家内奴隷となっていたのである。

西周王朝の金文

紀元前十一世紀に殷王朝は滅亡し、それに代わって周《しゅう》が新たな王朝を樹立した。周王朝は、封《ほう》建《けん》制度や貴族制度などを整え、殷王朝よりも安定した支配体制を構築した。

しかし、やがて貴族や諸侯（地方領主）の力が大きくなり、その内乱によって周王朝は紀元前八世紀に都を東方に移すことになった。時代区分としては、東遷までを「西周《せいしゅう》王朝」、東遷以後を「東周《とうしゅう》王朝」または「春秋戦国時代」と呼ぶ。

西周王朝では、祭礼用の青銅器が大量に作られており、それに銘文を鋳込むことが流行していた。青銅器の銘文を「金文」と呼ぶ。金文は殷王朝の時代から作られていたが、当初は短い銘文が多く、長い文章はごく僅かであった。これに対し、西周王朝の金文には儀式を記した長い銘文が多く、そこから当時の社会を知ることができる。

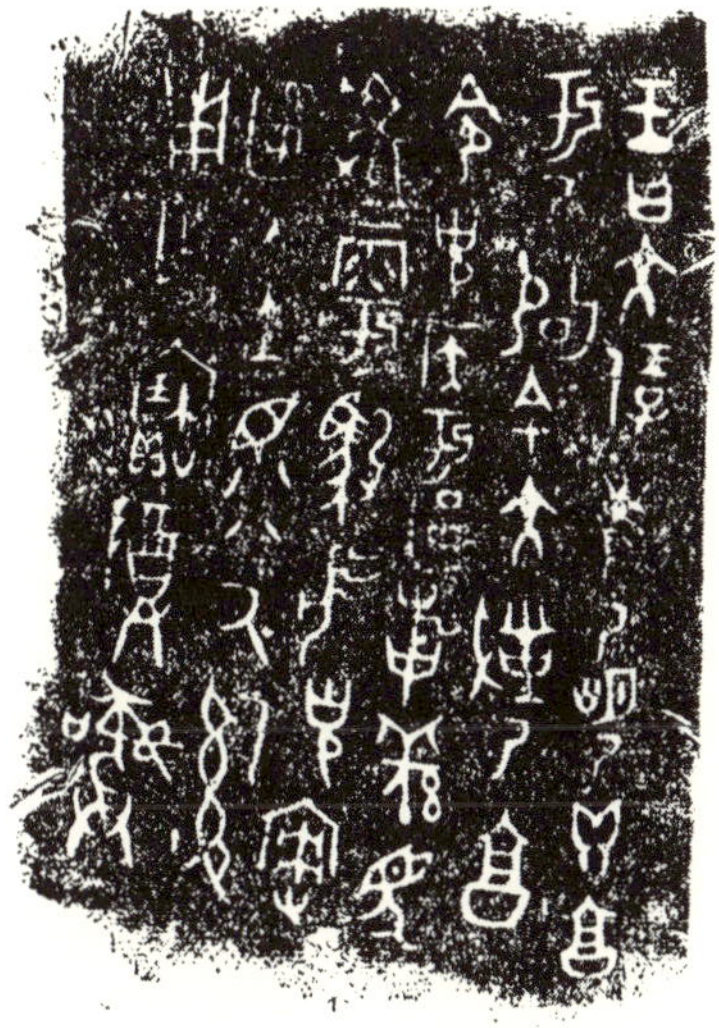

図表5　克罍（「北京琉璃河1193号大墓発掘簡報」から引用）

西周代初期には「賜与儀礼《しよ》」が多く挙行された。これは下位者の奉仕に対して上位者が宝貝や銅の地金などを与える儀式であり、この方法によって王朝内の上下関係が維持されていた。

また、少数ではあるが、諸侯の封建を記したものも発見されている。図表5は、比較的新しく発見された金文であり、克《こく》という人物が匽《えん》（文献資料では「燕《えん》」）という土地の領主になったことを記している。

後の時代の伝承では、燕の初代領主は召公《しょうこう》（称号は大保《たいほ》）ということになっているが、新しく発見されたこの金文は、「王に対する大保の奉仕によって、この器を作った克が匽の領主に任命された」としており、内容が食い違っている。

金文の記述は同時代のものであり、最も信頼できる資料である。したがって、本来は克が初代領主であったものが、後のどこかの時代で、その上位者であった召公を初代とする伝説が作られたと考えられる。

このように、古代中国については、同時代の資料と後の時代の資料で異なる部分も多いが、歴史の研究では、より近い時代の資料が信頼できるという一般原則がある（もちろん例外もあるが）。本書は、古代中国の資料に基づいて漢字の成り立ちを述べていくが、この一般原則は字源研究でも様々な面から役立つものである。

西周金文に話を戻すと、中期以降の金文では「冊命儀礼《さくめい》」が多く記されている。これは周王が中小貴族を官職に任命する際に行われた儀礼であり、官職のほか、それを象徴する物品や戒めの言葉などが王から与えられた。そして、官職を受けた中小貴族がそれを記念して青銅器とその銘文を作ったのである。西周王朝の官職は明確な職務を伴わない肩書きだけの場合もあったが、「官職」という概念の発明により貴族制度が固定化し、しばらくは王朝が安定したのである。

また、西周代末期になると、嫁入り道具にあたる「媵器《ようき》」も作られるようになった。媵器には支配関係や王朝の制度などはあまり記されないが、女性の名に「姓」が付されるため、当時の婚姻制度を推定することができる。

後の春秋《しゅんじゅう》時代（紀元前八～前五世紀）には、同じ組み合わせの諸侯間で婚姻が繰り返されることが多いが、これは春秋時代という不安定な時代において、政略結婚によって諸侯間関係を安定化させようとした結果である。西周金文では、特定の姓による連続した婚姻は見られないので、当初はむしろ権力の分散をはかるものだったようだ。

戦国時代の文字

周王朝は、東遷後に軍事力や政治権力が低下し、各地の諸侯が半ば独立した状態になった。春秋戦国時代（東周代）のうち、前半の春秋時代には、依然として王の伝統的権威だけは認められており、周王の権威を利用した大諸侯である「覇者」によって諸侯間の秩序が維持されていた。覇者という語句は、後の時代には軍事的支配を志向するものを意味し、現在では単に勝者を指して用いられるが、本来の意味は「諸侯の長」である。春秋時代の覇者は会盟（同盟会議）を通し

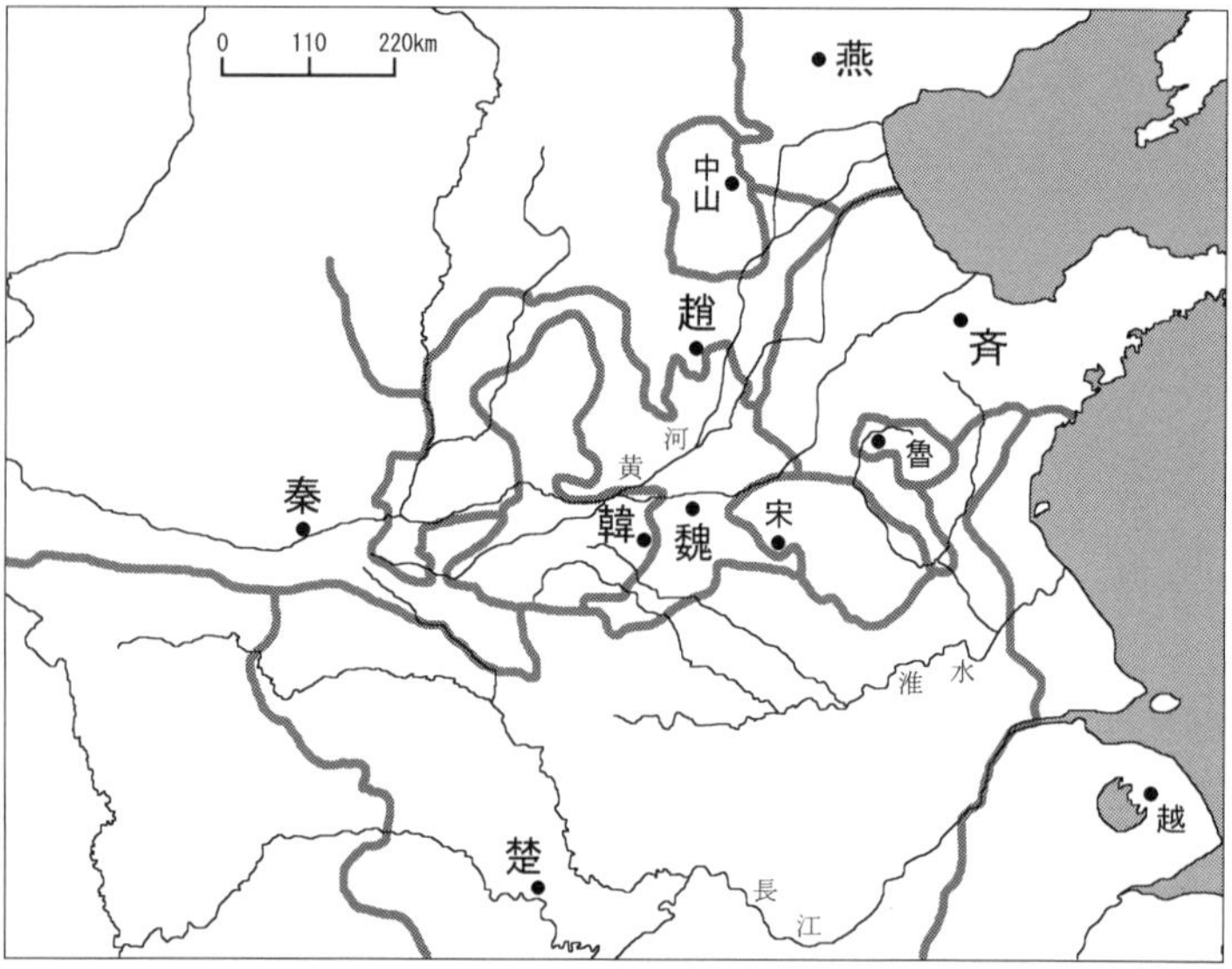

図表6　戦国時代初期の諸侯（紀元前350年ごろ。『中国歴史地図集』一を元に筆者が作成）

て中小諸侯を支配し、周辺の敵対勢力に対抗した。

しかし、春秋時代の末期になると各国で下剋上が発生し、また戦争の多発によって覇者の権力すら失われた。そして、その後の戦国時代（紀元前五〜前三世紀）には、徴兵制も普及し、数十万人の大軍による大規模な戦闘も発生するようになった。

制度的に見ても、春秋時代は西周王朝と同じく貴族制の社会であったが、戦国時代には下剋上や法整備などによる君主権の伸張の結果、貴族が没落し、官僚制の社会になった。

漢字について言えば、魯《ろ》や晋《しん》など黄河流域の諸侯では、西周代からすでに君主や貴族によって金文が作られていたが、戦国時代には官僚制が成立した結果、多数の官吏にまで文字の使用が普及した。

しかも、戦国時代には周王の権威が失われたため、文字についても統一的な基準がなくなり、各国で独自の字形が用いられるようになった。図表6に戦国時代初期の地図を挙げたが、使われていた字形を大まかに分けると、北方の燕・中山《ちゅうざん》、東方の斉《せい》・魯など、中心地域の魏《ぎ》・趙《ちょう》・韓《かん》（晋から分裂）、西方の秦《しん》、南方の楚《そ》、長江下流域の越《えつ》という地域区分ができる。また、それぞれの地域でも、時代によって少しずつ字形は変わっていった。

中国最古の字典として、後漢《ごかん》代に許慎《きょしん》という人物が著した『説文解字《せつもんかいじ》』（西暦一〇〇年成書）が知られている。『説文解字』は、後述する「篆書《てんしょ》」から文字の成り立ちを述べるが、戦国時代に由来する字形も二種類掲載しており、「古文《こぶん》」と「籀文《ちゅうぶん》」と呼ばれる。

古文は、戦国時代の儒学経典に記された文字（漢代に発見）であり、東方地域で使われていた字体である。また籀文は、伝説では西周代に「太史籀《たいしちゅう》」が作った字体とされるが、実際には戦国時代の西方地域の字体だったようだ。そのほか、現存する資料としては戦国時代の金文もあり、より古い字形が残っていることが多い。

さらに近年には、戦国時代の竹簡が楚や秦の地域で発見されており、これは当時の官吏が使用していた字体である。竹簡の字形は金文とは若干の相違があり、また『説文解字』が挙げる古文や籀文とも異なっている。古文・籀文および金文は文字の装飾性が強いのに対し、竹簡文字は簡略化された字形が多く、より実用的な形になっている。

要するに、同じ時代でも正式な字体と官吏が使う略体が併存していたのであり、漢字の発展は単線的にはとらえられないのである。戦国時代の文字は、字体ごとに研究が進められているが、総称して「戦国古文《せんごくこぶん》」や「戦国文字」と呼ばれる（本書は「戦国古文」を使用する）。

秦漢帝国の篆書と隷書

戦国時代の戦乱は、西方の秦によって一旦は統一された。秦の始皇帝《しこうてい》（皇帝在位紀元前二二一〜前二一〇年）は、初めて中国全土を支配したことで知られているが、領土的な統一にとどまらず、全国を一元的に支配するために制度も統一した。

始皇帝は封建領主を廃止し、官僚によって統治する郡県《ぐんけん》制を全土に敷いた。全国を数十の郡に分け、さらに郡の内部に県を置き、その長官を中央政府が任命する制度を用いたのである。また法律も統一し、全国で秦の刑法である連坐制や肉刑（肉体を損壊する刑罰）が実施された。戦国時代には、各国で度《ど》（長さ）や量《りょう》（体積）などの単位も異なっており、全国的な物資流通や一元的な税率決定に不便であったため、始皇帝はそれも斉一化させた。

そして、始皇帝は形が異なっていた戦国古文についても統一した。それまで秦で用いられていた文字を元にして字形の統一が行われており、「篆書《てんしょ》」（小篆《しょうてん》とも）と呼ばれる。

図表7は、始皇帝が発行した銅器であり、統一基準のうち量（体積）の標準を示したものである。篆書で銘文も記されており、要約すると「始皇帝の二十六年（秦王の時代を含む年数）に天

図表7　始皇詔銅橢量（「古代量器小考」から引用）

下を統一し、皇帝と号した。丞相《じょうしょう》（行政長官）に命じて度・量を統一させた」というものである。

始皇帝は、これを大量に鋳造させ、全国に配付した。これひとつで中国の統一、度量の統一、そして文字の統一を通知しており、政治的な機能性をもった道具である。

このように、始皇帝は中国全土を統一し、また画期的な制度も創始したが、その死後に起きた大規模な農民反乱によって、秦王朝はわずか十五年で滅亡した。その後、項羽《こうう》との戦いに勝利した劉邦《りゅうほう》が初代皇帝となり、前漢《ぜんかん》王朝（紀元前二〇二～後八年）が創始された。

文献資料では、残酷な秦の始皇帝に対して寛容な漢の劉邦とする記述が多いが、実際に出土した竹簡を見ると、前漢初期の法律は秦の法体系を受け継いでおり、中央集権的な秦の官僚制度も継承している。その後、支配体制が安定化するに伴い、数世代をかけて徐々に法律が寛容になっていった。

前漢王朝は、秦王朝の事業であった度量や文字の統一も継承した。ただし、篆書は曲線が多く、筆書に不便であったため、官吏の間では「隷書《れいしょ》」が使用された。時代順で見れば、隷書は篆書の後に生まれたのだが、同じ官吏の文字ということで、戦国時代の竹簡文字を踏襲している字形も見られる。秦では篆書が正式な字体であったが、簡略化された字体として竹簡文字も平行して使用されており、それが前漢の官吏にも継承されたようである。

楷書の完成

後漢王朝（西暦二五～二二〇年）の時代になると、正式な字体としても隷書が用いられた。さらに、後漢の宦官《かんがん》であった蔡倫《さいりん》が製紙技術を改良し、紙が普及した。その影響もあって、文字の筆勢が重視されるようになり、より芸術性が高められて最終的に楷書《かいしょ》が出現した。

楷書の基礎を完成させたのは西暦四世紀の王羲之《おうぎし》であり、後の時代に「書聖」と称され、楷書の手本とされた。ただし、王羲之の自筆は後世にごく僅かしか伝わらず、現在では完全に失われてしまっている。また後世の書家も、ただ王羲之の字体に追従したわけではなく、さらに楷書の形を整えていった。こうして、現在の楷書が形成されたのである。

ちなみに、中国では北宋王朝において木版印刷が普及したため、印刷した際に読みやすい楷書体も作られた。それには「宋朝体《そうちょうたい》」や「明朝体《みんちょうたい》」があり、現在でも印刷には明朝体が使われることが多い。

図表8に、甲骨文字から楷書に至るまでの字形変化の例を挙げた。いずれも形は大きく変わっているが、断絶することはなく、三千年以上前の甲骨文字が楷書まで受け継がれたことが分かる。

「人」は、甲骨文字の段階では人が一人で立っている様子を表したものであり、人間の側面形である。「〓」のうち、横に突き出た単線が手であり、縦線の曲がった部分が腰や膝にあたる。これが楷書まで継承されたのであり、楷書の一画目が人の頭部と手であり、二画目は胴体と足の部分にあたる。

「象」は、動物のゾウを元にした文字であり、「〓」は上部に長い鼻があり、下部に尾がある。甲骨文字が作られた殷王朝の時代は気候が温暖であり、黄河流域にも象が生息していた。当時の人々は、生きた象を見て「〓」の字形を作ったのである。西周代に黄河流域の象は絶滅したが、象の字形は楷書にまで継承されており、楷書の上部の「ク」のような形が象の鼻を表している。

「竜（龍）」は想像上の動物であり、蛇を神格化したものである。「〓」のうち、「〓」の部分が蛇の側面形であり、「〓」が冠を表している。古代中国では、貴人は冠をかぶっており、甲骨文字では高貴な存在の象徴として使われている。つまり、竜の字形は「高貴な蛇」を表しているの

図表8　漢字の字形変化（それぞれ字形の一例）

である。この文字も楷書にまで継承されており、旧字体の「龍」のうち、「立」の部分が冠であり、「月」のような形は蛇の側面形の頭部にあたる。

ただし、新字体の「竜」は形を崩した俗字を用いており、「立」以外の部分は失われている。竜（龍）に限らず、新字体は成り立ちよりも筆書の容易さを重視して俗字を使っていることが多く、その場合には字形の構造自体が変わってしまうこともある。なお、本書は新字体を用いているが、必要な場合にはカッコ内に旧字体を挙げる。

第二章

漢字の成り立ちと三つの要素

甲骨文字——最古の漢字資料

すでに述べたように、甲骨文字はまとまった数量が現存するものとしては最古の漢字資料である。古代の漢字資料としては、それ以外にも金文や戦国古文などもあるが、いずれも甲骨文字より新しい字体である。つまり、甲骨文字が最も原初の形に近いのであり、そのため、漢字の成り立ちを分析するうえでは、甲骨文字を元にするのが最も信頼ができ、また分かりやすいのである。そこで、本書は甲骨文字を中心にして漢字の成り立ちを分析する。

漢字の成り立ちのことを「字源《じげん》」と呼び、その研究を「字源研究《じげんけんきゅう》」と言う。本書は、漢字の字源を解説する際に古代の字形を挙げるが、それは特に注記がない限り甲骨文字の字形である。

本書では、第三章で字源研究の歴史を要約し、第四章以降に個々の文字について字源を検証していくが、まずはその基礎知識として、多少繁雑な内容ではあるが、漢字の成り立ちに関係する用語や甲骨文字の文章構造などについて解説しておきたい。これを知っておけば、本書の内容がよく分かるだけではなく、漢字についてより深い理解ができるようになるだろう。

逆に、漢字の成り立ちや甲骨文字について詳しく知っているという方は、この章を飛ばして第三章から読んでいただいても構わない。

四種類の成り立ち

漢字の成り立ちについては、象形《しょうけい》・指事《しじ》・会意《かいい》・形声《けいせい》という四種類の分類があることが知られている。この四種類が漢字を作る方法のすべてであり、そして甲骨文字の段階で全部が出揃っている。このことは、殷代後期（紀元前十三～前十一世紀）において、漢字がすでに文字として高度に発達していたことを端的に示している。

象形文字とは、物体の形を象《かたど》った文字であり、絵文字から発達したものである。ただし、絵そのものではなく、部分的に簡略化あるいは省略したり、逆に特徴的な部分を強調したりしている。例えば、人（）は、先に述べたように人が立っている姿を表しており、人体の側面図である。横に出た短線が手、縦線の曲がった部分が腰と膝であり、幅のある頭部や胴体が簡略化され、いずれも線によって表されている。また、大（）は、手足を広げた人を正面から見た形であり、文字通り「大の字」の姿であるが、やはり人体が線によって表現されている。

そのほか、木（）は立ち木の象形であり、上が枝、下が根である。多くの枝や根が三本に簡略化されている。矢（）や刀（）もそれぞれの象形であり、矢は上に鏃《やじり》があり、刀は上が刃先である。

指事文字は、位置や状態を表す記号（指事記号）として線や点などを用いた文字である。例えば、立（）は、人の正面形の大（）に地面を表す指事記号の横線を加えたものであり、人が

地面に立っていることを表現している。

また、至（）は地面を表す横線と矢（）の下向きから成り、矢が地面に到達した様子を表している。分（）については、八（）と刀（）を含んでいる。八は分割されたものを表す指事記号であり、刀で切り分けることを表した文字である。

指事文字には、記号だけで構成された文字もあり、上（）は基準となる長い線より上に点があることで「うえ」の意味を表しており、下（）はその逆である。

象形文字と指事文字は、最も原始的な成り立ちとされ、新石器時代の陶文によく似た形が見られるものもある。

これに対し、会意文字は、複数の象形文字を組み合わせて動作や様子を表したものであり、象形文字や指事文字に比べて複雑な状況や抽象的な概念を表すことができた。より発達した文字と言えるだろう。

例えば、林（）は、木（）を並べることで「木が多い場所」を表している。さらに木を増し加えた形は、「木」が三つで森（）になる。

会意文字では指事文字を組み合わせる場合もあり、立（）を二つ用いた並（）は、人が並んで立っていることから「ならぶ」を意味する。新字体は形を崩した俗字を用いているので分かりにくいが、旧字体の「竝」には「立」の形がよく残っている。

　ここまでは同じ形を複数用いた会意文字を挙げたが、別の形を用いるものも多い。例えば、利（　）は、穀物の象形である禾《か》（　）と刀（　）を組み合わせた文字であり、穀物を収穫する様子を表している。当時は石刀（石製の小刀）で穀物を収穫していたようであり、殷代の遺跡からも石刀が発見されている。楷書では刀がリ（りっとう）の形になっている。

　また、会意文字では各部分の向きが重要になる場合もあり、休（　）は、人（　）が木（　）に背を向けており、人（楷書ではイ（にんべん）の形になる）が木にもたれて休んでいる様子を表している。

　最後に形声文字であるが、おおまかな意味を表す符号（意符《いふ》）と、発音を表す符号（声符《せいふ》）を合わせた文字である。形声文字は、字形が直接的に対象物やその状態を表示する必要がないため、四種の成り立ちのうち最も効率的に文字を作ることができる構造になっている。

　例えば、麓《ろく》（　）は林（　）の部分がおおまかな意味を表し、シカの象形である鹿《ろく》（　）が発音を表す。両者を合わせて「林に関係してロクという発音の場所」を意味する文字である。この場合には、「鹿」は声符として用いられているので、「麓」とは意味上の関連はない。なお、厳密には古代中国における発音なので、現代の日本語とは異なるのだが、便宜上、音読みで表記する

林　森　並（竝）　利　休

麓  登  河  室  宇 

（以下も同じ）。

同様に、登（）は足（足首）の形（）を二つ合わせた癶《はつ》（）を意符、食物を盛る高坏《たかつき》の象形である豆《とう》（）を声符とする形声文字であり、二者を合わせて「両足でおこなうトウという行動」を表している。この場合も「豆」は発音だけを表す符号なので、「のぼる」の意味とは関係しない。

河（）も形声文字であり、水の流れを表した水（）を意符、人が荷物を持った形の可（）の部分（厳密には「何」の原形で「佇」の形。後代に字形が変化した）を声符とし、「カと言う名前の河川」を意味する。「河」は、現在では河川を表す一般名詞として使用されるが、古くは黄河を指す固有名詞であった。

室（）と宇（）も同様であり、この二者は建物の形の宀《べん》（）を意符としており、それぞれ至（）と于《う》（）を声符とする。なお現在の音読みでは、室はシツ、至はシであり異なるが、古くは同音か近い発音だったと推定されている。また宇はもと建物の軒《のき》や屋根を意味した。

形声文字は、四種の成り立ちの中では最も遅く出現したと推定されており、甲骨文字の段階では比率が低い。しかし、形声文字は既存の字形をそのまま意符や声符として利用するため、効率的に文字を作ることができる。そのため、後の時代に作られた漢字のほとんどが形声文字であり、現在、日本で一般的に使用されている漢字についても八割以上が形声文字である。

特殊な文字

漢字の成り立ちの分類は、先に挙げた四種類がそのすべてであるが、中間的な文字も存在する。例えば、立（）や矢（）の横線を指事記号ではなく「地面の象形」と見るならば、二つの象形を合わせた会意文字と解釈することもできる。逆に、林（）や並（）に対して、同じものを並べた記号的表現と解釈する説もある。

実際のところ、四種類の成り立ちは学術上の分類であり、漢字は経験的・慣習的に使われるため、中間的な文字も少なくないのである。

中間的な文字の代表的なものは、意味と発音の表示を兼ねる「亦声《えきせい》」という部分を持つ文字である。例えば、絹を表す帛《はく》（）は、白（）と布の象形である巾《きん》（）から成り、「白い布」を意味する。このうち、「白」の部分は帛の発音と同じであり、意味だけではなく発音の表示も兼ねている。こうした部分を「亦声」と呼ぶ。ちなみに、甲骨文字には桑（）の文字も見られ、当時から養蚕が行われていたようである。

また、教（）は爻《こう》（）・子（）・攴《ぼく》（）を合わせた文字である。子は子供、爻は教育施

設を表す文字であり、攴は棒状のものを持った手の象形である。この三者を合わせて、学校で教鞭をもって子供を教育する様子を表している。これも爻が教の発音を表しており、もとは爻と教が同音であった。字形については、楷書で攴が攵の形になって旧字体の「敎」になり、さらに新字体は爻の形を崩した俗字形になっている。

以上の二つは会意文字の一部が発音の表示を兼ねるものであるが、形声文字の声符が意味の表示を兼ねる場合も「亦声」と呼ばれる。

例えば、逆（）は形声文字であり、意符の辵《ちゃく》（）と声符の屰《げき》（）から成るが、屰は大（）を上下逆さにしたものであり、それ自体にも「逆向き」の意味が含まれている。つまり、屰は声符であり、かつ意味も表しているのである。この場合、「屰」が亦声の部分となる。

また、雉（）は、鳥の象形の隹《すい》（）を意符、矢（）を声符とする形声文字である（雉と矢はもと近い発音であった）。しかし、「矢で捕らえる鳥」という意味もあり、「矢」の部分が意味と発音を兼ねる亦声の部分にあたる。

四種類の成り立ちのほかに、漢字には「仮借《かしゃ》」という特殊な用法も見られる。これは別の文字の発音を借りて意味を表示するものであり、一種の当て字である。より抽象的な概念の場合には、会意文字や形声文字でも表現することが難しく、そこで仮借の用法によって表示したのである。

例えば、我（）は甲骨文字の段階から一人称代名詞として用いられているが、字形としてはノコギリのような道具の象形であり、縦線が柄を表し、左にはギザギザの刃の部分が表現されて

いる。殷代には一人称とノコギリが同音であったため、その発音を借りて一人称を表現したのである。

さらに、「」は会意文字の中ではノコギリの意味で用いられる場合もあるが、単独ではノコギリとしての用法がなく、一人称としてのみ使用されている。こうした文字は「仮借文字」と呼び、文字の成り立ちの一種と見なされることもある。

今（）についても、もとは器物の蓋や建物の屋根を表す形であるが、当て字で「いま」の意味に用いられた。これも会意文字の中では元来の意味で使われているが、甲骨文字の段階で、すでに単独では時制を表示する働きしかなく、仮借文字のひとつである。

自（）も同様に、もとは鼻の象形であるが、発音を借りて起点を表す文字になった。ちなみに、鼻（）は、自（）に声符の畀《ひ》（）を増し加えて作られた文字であり、こちらが元の意味を表している。なお、畀は矢（）の先を太くしており、鏑矢《かぶらや》の象形と推定される。

先に挙げた八（）も、もとは分かれたものを表す指事記号であるが、数字としての用法は仮借であり、その発音を借りて「はち」を表したものである。

このように、直接的に対象を文字で表現することが困難な場合、発音だけを借りて表示したのであり、実態のない抽象的な概念に仮借の用法が多い。方角を表す東（）西（）南（）北

東  西  南  北 

（）も、いずれも仮借であり、西は諸説あって確定していないが、東は筒状の布の両端を結んだ袋の形、南は楽器の象形である。北については、人（）が背を向けた形の会意文字であり、もとは「そむく」や「にげる」を表していた（「敗北」にはもとの意味が残っている）。

字形と字義の変化

個々の漢字は、字形（文字の形）・字義（文字の意味）・字音（文字の発音）という三種類の要素を持っており、これらは漢字の成り立ちを分析するうえでも重要である。ただし、字形・字義・字音はそれぞれ固定的ではなく、時代によって変化している。このうち、まずは最も変化の過程が分かりやすい字形から解説したい。

漢字は三千年以上にわたって継承されてきたが、原初の字形がそのまま残っているわけではなく、長い歴史の間に大きく変化した。その理由はいくつかあるが、書記の道具や文字を使用する目的が変わったことが大きく影響している。殷代の文字としては、甲骨文字のほかに金文も見られるが、いずれも王や貴人が使用した貴重品であり、筆記の速度は重視されていなかった。そのため、文字の形は複雑であり、また曲線が多くなっている。

この傾向は、秦の始皇帝が制定した篆書まで続くが、それ以前に官僚制が普及しており、官吏が筆で木や竹に文字を記すことも多くなっていた。そのため、筆書の速度が重視されるようになり、簡素で直線的な字形も作られたのである。これが戦国時代の竹簡文字であり、篆書と平行して使用され、また漢代の隷書にも一部が継承された。

さらに、後漢代に製紙技術が改良されて紙が普及したため、筆勢の美しさも考慮されるようになり、最終的に中世において楷書が完成したのである。

こうした歴史の中で漢字は形を大きく変えてきた。その過程では、もとは別の字形だったものが同一の形になること（同化）や、逆に同一の字形だったものが別の形になること（分化）も起きている。

前者としては、「月（つき）」と「月（にくづき）」がよく知られている。肉（〓）は祭祀で捧げられる肉片の象形であり、本来は月（〓）とは異なる形であったが、楷書で偏《へん》として書かれる場合には、簡略化されて月と同じような形になっている。

後者には、「刀」とそれが旁《つくり》になった「刂（りっとう）」や、「人」とそれが偏《へん》になった「亻（にんべん）」などがある。そのほか、彳（ぎょうにんべん）と廴（えんにょう）も、もとは同一の形（〓）であり、例えば甲骨文字では「行」は「〓」、「延」は「〓」の形である。甲骨文字の段階では、延はいずれも前進を象徴する彳（〓）と止（〓）から成る字形であったが、後に彳が廴に

雲〈云〉　祖（祖）〈且〉

分化し、また止に延長を意味する記号として「ノ」が付加されて現在の形になった。

また、字形が変化した原因としては、文明や思想の発達によって、文字の意味や用法が変化したことも挙げられる。この場合には、新たに部首が付け加えられることも多く、文字の成り立ちの分類まで変わることがある。

例えば、甲骨文字で雲を意味する「」は、もとは天空を表す横線と雲を表す曲線から成る字形であり、楷書では「云《うん》」の形にあたる。しかし、後の時代に、仮借の用法で「言う」の意味として「云」が用いられたため、元来の意味については天候に関係することを表す意符である「雨」を付して表示した。この場合、もとの「云」は雲の形であるから象形文字であるが、「雲」は雨を意符、云を声符（亦声の部分）とする字形なので、分類上は形声文字となる。

同様に、祖先を意味する「」は、もとは祖先を祭る際に供物を載せるまな板の象形であり、楷書の字形では「且《しゃ》」の部分にあたる。これも後の時代に重複を意味する文字として転用されたため、もとの意味については祭祀に関係することを表す「示（新字体では偏としてネの形になる）」を付けて表示された。これも、「且」は象形文字であるが、祖は形声文字（且が亦声）である。

このように文字の構造まで変化した場合には、原初の字形を「初文《しょぶん》」、後起の字形を「繁文《はんぶん》」と呼んで区別する（「原形」と「後起の形」などとも呼ぶ）。本書では、初文については〈 〉の中に示している。

また、漢字の三要素のうち、字義にも変化がある。漢字は、ひとつの文字に多数の意味があることが一般的であり、それはすでに甲骨文字の段階から起こっていた現象である。

例えば、日（）は太陽の象形であり、甲骨文字でも日の出・日の入りをそれぞれ「出日（）」「入日（）」と呼んでいる。さらに、太陽からの連想で「日中」の意味が付加され、また「日数」を表す文字としても転用されており、甲骨文字にもこれらの用法が見られる。

このように、意味について変化があった場合には、原初の意味を「原義《げんぎ》」、後起の意味を「引伸義《いんしんぎ》」と呼ぶ。「日」の場合は太陽が原義、日中や日数が引伸義である。

先に挙げた且（祖）も、もとは祖先を祭る際に供物を載せるまな板の象形であったが、それを男性祖先を表示する文字として転用したものであり、まな板が原義、祖先が引伸義である。ちなみに、甲骨文字では、「」は単独では引伸義の祖先の意味としてのみ用いられるが、会意文字では原義で使用されることもあり、例えば、「俎（）」は「且（）」に供物の「肉（）」を盛った様子を表している。また、肉と且が融合した字形は「宜」であり、「」の上部が分離して「宀」の形に同化し、さらに下部が「且」として再構成されたものである。本書では、こうした派生字は《 》の中に表示する。

日 　俎《宜》 

このように、漢字は長い歴史の中で字形や字義が変化した。しかも、その両者は斉一的ではなく、個々の要素がそれぞれに変化している。要するに、漢字の三要素は互いに独立しているのであり、分析は個別に行うことが必要なのである。

字形と字義の関係が固定的ではないことは、楷書に置き直す場合にどちらを優先するかという問題ももたらした。研究者ごとにその方法や定義が異なるが、本書では、字義を優先して楷書に置き直す方法を「字釈《じしゃく》」と呼び、字形を優先する場合は「隷定《れいてい》」と呼ぶ。

ここまでに挙げた例で言えば、「」は字形を元にした隷定では「云」の形であり、字義による字釈は「雲」となる。同様に、「」は隷定が「且」、字釈が「祖」である。なお、日（⊖）の場合には、字形と字義の関係が変わっていないので、隷定も字釈も「日」でよい。

字釈と隷定にはそれぞれに利点がある。字釈は文字の意味によって楷書に置き直すので、現代の人々でも文字や文章の意味が分かりやすい。一方、隷定は字形を元にするため、原資料の表記が伝わりやすい。本書でも必要に応じて使い分けるが、基本的には字釈を用い、隷定の場合にはそれを明記する。

また、漢字の一部には、古代文明から継承されなかった文字（亡失字《ぼうしつじ》）もあるが、隷定であればそうした文字であっても楷書的な表現が可能になる。例えば、甲骨文字の亡失字には、敵対勢力を表す「𠮛」や祭祀名の「𠠗」などがある。「𠮛」は工（工）の上下反転形と口と同形の曰《さい》（凵）から成り、工は楷書では上下対称形であるから変化せず、両者を合わせて「𠮛」と表記できる。また「𠠗」は力（力）を三つと曰の会意なので「㗉」となる。

字音の変化

漢字の三要素のうち、残る一つである字音についても、時代による変化が見られる。ただし、字形については現存する甲骨文字や金文に見ることができ、また字義もその文意から判断が可能であるが、字音は直接的に観察することはできないので、その復元が非常に難しい。

現存最古の漢字である甲骨文字については、その時代の字音は判明していない。字音を復元する手がかりとなるのは、文章中の押韻《おういん》（韻を踏むこと）であるが、甲骨文字では押韻が使われていないため、字音を復元できないのである。

その後、周代になると、春秋時代の詩を集めた『詩（詩経《しきょう》）』などの文献資料で押韻が用いられており、ここから字音を復元することが可能になる。当時の発音は「上古音《じょうこおん》」と呼ばれる。ただし、押韻によってどの文字が同じ発音グループに属するかは分かるのであるが、個々の文字が具体的にどのように発音されていたのかは直接的には分からない。そのため、個々の上古音の復元については諸説あって確定していないのである（この問題は第四章で詳しく述べる）。

周代の上古音は、秦から後漢の時代（紀元前三～後三世紀）まではおおまかに維持されたようだが、その後、三国時代（三世紀）から南北朝時代（五～六世紀）の混乱期に発音が変化した。そして、中国は六世紀末に隋《ずい》によって再統一されたが、煬帝《ようだい》による遠征失敗やそれに伴う反乱によって短期間で滅亡し、その後を唐《とう》王朝（七～十世紀）が受け継いだ。

この時代の発音は「中古音《ちゅうこおん》」と呼ばれ、特に唐代初期の発音を典型とする。中古音については、唐詩が豊富に残っているだけではなく、現代の南方地域の方言などにもその名残があるため、より正確な発音の復元が可能である。

また、このころには「反切《はんせつ》」という方法でも発音が表現されるようになった。反切とは、声と韻（後述）を別々の文字で表記し、二者を組み合わせて発音を表す方法である。

ただし、中古音であっても、発声方法を完全に確定することは難しいようであり、若干の異説がある。文字や文章として実物が残る字形や字義に比べて、実体が残っていない字音の分析は非常に難しいのである。

ちなみに、日本の代表的な音読みには「漢音《かんおん》」と「呉音《ごおん》」の二種類があるが、いずれも中古音の系統である。日本は、国家の形成期に中国の影響を強く受けており、漢字を輸入するだけではなく、その発音についても中国のものを受け入れた。原初の日本語には、拗音《ようおん》（「ャ」「ュ」「ョ」）や撥音《はつおん》（「ン」）はなかったが、漢語《かんご》（中国の言語）の発音を表現するために作られたという。

漢音と呉音のうち、より古い発音体系を反映しているのは、中国の南北朝時代の発音（南朝のものが多い）を元にする呉音であるが、朝鮮半島を経由して流入したため一部の字音が不規則に変化し、また個別に学ばれたため発音体系に一貫性がないという短所がある。一方、漢音は遣隋使や遣唐使によってもたらされたものであり、中国の都で直接学ばれたものであるため、発音体系が一貫している。

また、漢音は呉音に比べて清音化しており、結果として声符と形声文字の関係が分かりやすいという利点もある。例えば「鼻（[illegible]）」とその声符である「畀（[illegible]）」は、漢音ではいずれもヒであるが、呉音では前者がビ、後者がヒであり、食い違っている。また、「宅（[illegible]）」とその声符である「乇（[illegible]）」は、漢音はいずれもタクであるが、呉音はジャクとチャクである。

したがって、漢音は呉音よりも新しい発音であるが、古代文字の解釈にはむしろ適していることになる。本書でも、古代文字の解説においては、呉音が日本語として定着したもの以外は漢音でルビを振っている。

中国では、近世の北宋《ほくそう》王朝（十～十二世紀）から清《しん》王朝（十七～二十世紀初頭）にも発音の変化があった。日本でも、中国に渡った仏僧や商人などにより一部が輸入され、「行灯《あんどん》」や王朝名の「明《みん》」「清《しん》」などは近世の発音を元にしている。

こうした発音の変化は、長い歴史によるものだけではなく、支配者の交代も関係している。特に、近世には北方のモンゴル族や女真《じょしん》族によって中国全土が征服されたため、北方の発音が流入した。現代でも、北京周辺の発音を元にして標準語（「普通話」と呼ばれる）が制定されているが、一部に北方由来の発音が含まれている。

ところで、漢語の発音は一文字が一音節であることが大きな特徴であり、それぞれの音節は「声《せい》（声母《せいぼ》）」と「韻《いん》（韻母《いんぼ》）」に分けられる。

声とは音節冒頭の子音であり、韻はそれ以外の部分である。さらに、韻は中心となる母音（主《しゅ》母音《ぼいん》）のほかに、冒頭（韻頭《いんとう》）にiやuなどの介音《かいおん》が付されたり、末尾（韻尾《いんび》）に母音や子音が付されたりすることもある。

そのため、現代中国の発音で言えば、短いものは「阿 ā」のように主母音だけのものもあれば、長いものは「装 zhuāng」のように声・韻頭・主母音・韻尾の四者を含むものもある（漢字の後に付したものは現代中国の発音表記）。

ちなみに、現代音（普通話）は韻が四十種類に満たないが、これは歴代の発音に比べて簡略化されたものであり、研究者によって異説はあるが、上古音や中古音では韻が百種類以上あったと考えられている（いずれも声調を除く数字）。

また、漢語の発音には「声調《せいちょう》」というものもある。これはイントネーションによって文字や意味を識別する方法であり、同じ発音でも声調が異なれば字義も別のものになる。声調についても文字表記では直接的に表示されないため、その復元が難しい。字音と同様に、甲骨文字については全く分からず、上古音でも多数の説があって見解が一致していない。それどころか、豊富な資料がある中古音ですら、声調については異説がある。

中古音には「平声《ひょうしょう》」「上声《じょうしょう》」「去声《きょしょう》」「入声《にっしょう》」という四つの声調があったことが判明してい

るが、正確な発声方法については諸説あって分からない。文字のうえから、平声が平坦な音程の発音であり、上声が語尾の音程を上げ、去声が語尾を下げると推定されている程度である。また、入声は語尾が詰まる発音であり、日本の音読みの「屋《おく》」や「鉄《てつ》」などはこれを元にしている。

その後、近世に入声が消滅してほかの発音に吸収されたが、平声が「陰平《いんぴょう》」と「陽平《ようひょう》」に分かれ、結果として声調の種類が四つであることは維持された。現代の発音でも、一声（高く平坦な発音）・二声（語尾の音程を上げる発音）・三声（一旦下げてまた上げる発音）・四声（語尾を下げる発音）の四種類の声調がある。

甲骨文字の特殊性

本書は、第四章以降に漢字の成り立ちを具体的に分析するが、その際に、最古の漢字資料である甲骨文字やその文章を提示することがある。そこで、甲骨文字の表記方法や文章構造についても解説を加えておきたい。ただし、甲骨文字の文章には書《か》き下《くだ》しや日本語訳を併記するので、甲骨文字にあまり興味がない読者は、ここから先は飛ばして第三章に移っていただいても構わない。

甲骨文字の時代には、文字表記の規則がゆるやかであり、現在のような「正式な字体」という概念がなかった。そのため、同じ文字であっても多くの異なる字形が併用されており、これを「異体字《いたいじ》」と呼ぶ。

例えば、甲骨文字の「雨」は、天空を表す横線と雨粒を表す短線から成る象形文字であり、

雨

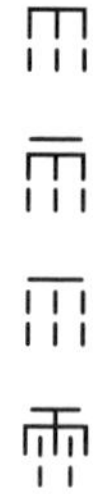

利

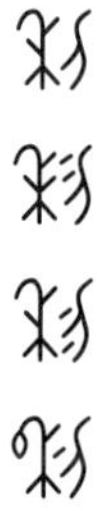

逆〈屰〉

「」が標準的な字形であるが、それ以外にも「」「」「」などの異体字がある。いずれの字形も「あめ」の意味であり、文意において違いはない。

　また、先に挙げた会意文字の利（）は、穀物を表す禾（）とその実を切り取る刀（）から成るが、切り取った穀物の実を表す小点を加えた字形（・）や、穀物の実った様子を表した字形（）などがある。

　さらに、こうした微細な違いだけではなく、文字の構造まで変わる異体字もある。例えば、先に挙げた「逆（）」は、意符の辵《ちゃく》（）の部分が前進を象徴する彳《てき》（）と足（足首）の形の止（）から成るが、甲骨文字には彳を省略した「」や、止を省略した「」などの異体字があり、さらには両者を省略した「屰（）」だけのものもある。

　先に述べたように、屰はそれ自体が「逆向き」の意味も含む亦声の部分であるから、「」だけの字形は、大（）の上下逆向きによって意味を表示したものであり、構造的には指事文字の一種となる。

　なお、これらの異体字は、字釈ではすべて「逆」であるが、隷定では「」は「屰」となり、同様に「」ならば「⿰彳屰」、「」ならば「⿱屰止」と表すことができる。

　殷代には、文字の左右にも明確な区別がなく、左右が逆転した「反転字《はんてんじ》（左右反転字）」が使用されていた。甲骨文字では左右が逆でも意味に変化はなく、例えば、我（）であれば「」でも同じ意味である。また、人（）が「」の向きでも、やはり「ひと」の意味となる。

ただし、左右の向きで意味を表した指事文字の「右」と「左」だけは例外である。右（）は手の形であり、五本指が三本に簡略化されたものである。この文字は指先が左を向いているので、自分の右手を見たときの状態を表しており、それによって「みぎ」の意味を表示した。「」は字形としては「又」（ナの部分）にあたり、後に祭器の形の𠙵《さい》が増し加えられて「右」の字形になった。

左（）は、自分の左手を見た形であり、そこから「ひだり」の意味として用いられた。後に左手に持つ鑿《のみ》の形である「工」を加えて「左」の形になった。

ちなみに、「右」も「左」も楷書では「ナ」の形を含むが、「右」は横線が指先と腕をつなぐ部分であるのに対し、「左」は横線が親指と小指をつなぐ部分である。この形は親指と小指をつなぐ線を先に書くため、楷書でも「右」と「左」は書き順が異なっている。

また、甲骨文字には、複数の文字を組み合わせて熟語を表現する「合文《ごうぶん》」が多く見られる。例えば、十二月（）という熟語は、甲骨文字では十（）・二（）・月（）の三文字を合わせて「」と表示されることが多い。本書では、甲骨文字の文章中に合文が出現する場合には、

十二月  百  二百 

傍線を付して表示する。

同様に、百（）は白（）の発音を仮借し、さらに一（一）を加えて「一百」の意味を表示した合文であるが、こちらは合文がそのまま文字として定着しており、楷書でも「一」と「白」で「百」の形になる。甲骨文字では、二百以上でも同様の手法が用いられており、「二百」であれば「二（二）」と「白（）」で「」という形になる。

また、先に述べたように、古代の文字には「亡失字」があるが、特に甲骨文字では、固有名詞に固有の文字を使うことが多く、その過半が亡失字になっている。本書では、亡失字については字形に基づく隷定によって表記し、また現代の読み方がないのでルビは振らないことにする。

甲骨文字の文法

中国では、周辺民族の流入がたびたびあったものの、文章（文語）の形態には大きな変化がなかった。何千年にもわたって同じ文字、そして同じ文法が継承されたのである。そのため、三千年以上も前の甲骨文字であっても、後の時代の文章、すなわち漢文とほぼ同じ文法で読んでいくことができる。

漢語と日本語では、漢字を使うという点は共通しているが、文法は異なっている。特に、語順の違いが大きく、漢文では「他動詞→目的語」の語順であるところを、日本語の文法では「目的語→他動詞」の順にして読む必要がある。こうした語順の違いを日本語に合わせるため、日本では伝統的に「書《か》き下《くだ》し」という方法が用いられてきた。「レ」や「一」「二」などの記号（返り点）を付けて、日本語としての語順を示したのである。

そして、この方法は甲骨文字にもそのまま用いることができる。図表９に挙げた例文は、楷書に直すと「我受黍年」となる。我（）は先に述べたように一人称であり、ここでは主語にあたる。また受（）は二つの手（）で舟（）を受け渡している様子を表しており、そこから「うける」の意味になった。ここでは他動詞にあたる。なお、舟は亦声の部分であり、もと受と舟は同音であった。

また黍《きび》（）は実が多い穀物であり、「」の部分が黍の象形である。黍は降水量の多い夏の作物であり、水（）の部分は畑に撒かれた水を表し、楷書にも下部に「水」の形が見える。「」は会意文字であるが、甲骨文字では「」だけでも黍を意味して用いられることがあり、この場合は象形文字になる。

図表9　甲骨文字の文例（『甲骨文合集』303の一部）

年（）は、人（）が穀物である禾（）を掲げている様子を表しており、もとは穀物の収穫を意味する文字であった。そのため、甲骨文字の「年」は「みのり」と訓じる。現在でも「祈年祭」があるが、これも「みのりを祈る祭り」である。西周金文において、収穫が一年に一回であることから年数を表示する文字として転用された。

この文章では、「黍年」の二文字で「黍の収穫」を意味しており、目的語にあたる。以上を合わせると、次のような書き下しと日本語訳になる。

我《われ》受《う》クルカ二黍《きび》ノ年《みのり》ヲ一。

私は黍の収穫を得られるか。

甲骨文字は占卜の内容なので、末尾を疑問形にする必要がある。また、日本は近代以前には漢文から学ぶことが多かったので、古語の方が漢文の語彙を反映しやすい体系になっており、書き下しには一般に古語を用いる。ちなみに、現代では欧米に学ぶことが多いので、現代の日本語は漢文よりもヨーロッパ系の言語を反映しやすい体系になっている。

「我受黍年」の四文字のうち、目的語が「黍年」、他動詞が「受」であり、日本語と語順が異なるため、「黍年」を先に読むことを示すために返り点の「一」をつけ、後に読む「受」には「二」

をつける。これによって、日本語では「我・黍年・受」の語順であることが分かる。

書き下しは「我、黍の年を受くるか」となり、現代日本語訳は、「私は黍の収穫を得られるか」となる。なお、甲骨文字では「我」が複数形に用いられることもあるので、「我々は〜」かもしれない。

このように、他動詞と目的語の順番に気をつければ、漢文は基本的には簡単に読むことができる。ただし、一部の助辞（日本語でいう助詞・助動詞・接続詞などの総称）についても日本語と語順が逆転する場合があり、こちらは規則が複雑になることがある。次節では、甲骨文字で頻用される助辞を紹介するが、助辞も漢文と共通するものが多いので、漢文の知識があればそれを応用して読んでいくことが可能である。

甲骨文字の助辞

まずは、日本語と語順が変わらない助辞から解説する。そのうち最も頻繁に見られるのが「発《はつ》語《ご》」に分類される助辞であり、「叀《けい》」「惟《い》」「其《き》」がある。

叀（）は口を結んだ袋を台の上に置いた形とされ、袋の部分だけに簡略化した異体字（）もある。この文字は「こレ」（平仮名は読みがな、片仮名は送りがな。以下も同じ）と訓じるが、文意にはあまり影響しない文字である。

「」は雉（）などにも使われている鳥の象形であり、字形としては「隹《すい》」であるが、発語の

助辞としては繁文が「惟」や「唯」の意味にあたる（本書は「惟」を使用）。この文字も「コレ」と訓じ、発語の助辞として用いられる。また、前の文章を受けて関係代名詞として用いられることもあるが、その場合でも「コレ」と訓じ、また語順も変わらない。

其（）は、細かいものを集める箕《み》の象形である。この文字は「ソレ」と訓じ、未来の事柄に使われる発語の助辞である。ただし、甲骨文字は未来の内容を占ったものであるから、「其」があっても無くても意味は変わらない。

なお、助辞の多くは抽象的な概念であるため、仮借が用いられることが多い。発語の助辞も同様であり、叀・惟・其はいずれも仮借の用法である。

また、発語の助辞については、否定や肯定の意味が含まれるとする説もあるが、甲骨文字では文意に大きな影響を与えるほどの意味は持っていない。発語の助辞は、ひとつの言葉をはさむのであるから、言い淀んだり、逆に強調するニュアンスはあったかもしれないが、その有無によって文章の意味が大きく変わるようなことはないのである。

次に連体修飾語であり、「茲《し》」と「之《し》」がある。茲（）は紐の形（）を並べた会意文字であり、之（）は基準となる線から足（）を踏み出す様子を表した指事文字である。いずれも仮借の用法で連体修飾語の「コノ」として用いられる。また、茲・之には三人称代名詞の用法もあり、玆は主格、之は目的格になる（この場合には「これ」と訓じる）。

ここからは語順が変わる助辞である。甲骨文字には否定を表す文字が多く、それらは日本語とは語順が異なっている。

不（）は花弁が垂れ下がった形であり、仮借の用法で対象となる動詞の上について否定を表す。書き下しでは動詞（送りがなの活用は未然形）に続いて「～ず」と読む。弗《ふつ》（）も不と同様の用法であり、訓読も同じく「～ず」である。弗の成り立ちには諸説あるが、ほかの文字と比較して分析すると、何かを縛った様子を表していると推定される。

勿《ぶつ》（）は弓（）の弦《つる》が切れた様子を表しており、これも否定を表す助辞であるが、能動的な意思を含む場合に使われており、意味としては日本の古語で言う「まじ」に近い。訓読では動詞（送りがなの活用は連体形）に続いて「～なシ」と読む。

亡（）は、意思を含む場合もそうでない場合にも使用でき、さらに名詞の存在を否定する場合にも用いられる。訓読は否定する文字に続いて「～なシ」と読む。亡の成り立ちは、人が隠れた様子、または人が死んださまを表していると言われる。

このほか、甲骨文字では肯定を表す文字も助辞にあたる。日本語の「有る」は動詞であるが、甲骨文字の有（）は亡の対義語にあたり、肯定する動詞や名詞の上につく。甲骨文字の字形は

自  至  于  令 

「右」の初文の「又」を仮借したものであり、後に祭祀で捧げる肉（にくづき）が付され、さらに「有」と「侑《ゆう》（祭祀の意味）」に分化した。

なお、有や侑の意味としては、甲骨文字では「㞢」という文字が使われることもある。この文字は、「」の異体字とも、別字の仮借とも言われる。

語順が変わる助辞には、時間・空間の起点を表す「自」や終点を表す「至」もある。すでに述べたように、自（）は鼻の象形を仮借したものであり、助辞としては起点の語句の上について「～より」と読む。また、至（）は矢が到達する意味の「いたる」からの引伸義で終点を表す助辞として用いられ、対象の語句の上について「～ニいたルマデ」と読む。

特殊な助辞としては、目的語などを提示する「于《う》（）」があり、日本語の「に」にあたる文字である。この文字も対象の上につくので、日本語と語順が異なるが、書き下しでは送りがなの「ニ」に意味を反映させるので、結果として読まれないことになる（ただし文頭に来る場合には「于《お》ヒテ」と訓じる）。

そのほか、漢文では使役の助辞として「令」があり、甲骨文字にも見られるが、甲骨文字の段階では助辞ではなく動詞とする見解が有力であり、漢文のように「○ヲシテ△セ令《し》ム」ではなく、「○に令《れい》シテ△セシム」と訓じる（○は使役の対象、△は動詞）。令（）は、屋根の形である今

（亼）と跪いた人である卩《せつ》（㔾）から成り、屋内で命令を受けている人の姿と考えられる。

占いの形式

甲骨文字は占いの内容を記録したものであるが、殷代の甲骨占卜はその方法が定型化していたため、文章の内容にも一定の様式がある。

甲骨文字の冒頭は「干支卜某貞」で始まるものが多い。この部分は「前辞《ぜんじ》」と呼ばれ、甲骨占卜を行った状況を記している。

「干支《かんし》」は、十干《じっかん》（甲乙丙丁戊己庚辛壬癸）と十二支《じゅうにし》（子丑寅卯辰巳午未申酉戌亥）を組み合わせたものであり、「甲子」から「癸亥」まで、最小公倍数の六十で一巡するようにしたものである。現代では年の順を表すことが多いが、これは後代に起こった用法であり、殷代には専ら日付を表すために用いられた。干支とその順番については、図表10に一覧を掲載した。

01甲子	02乙丑	03丙寅	04丁卯	05戊辰	06己巳	07庚午	08辛未	09壬申	10癸酉
11甲戌	12乙亥	13丙子	14丁丑	15戊寅	16己卯	17庚辰	18辛巳	19壬午	20癸未
21甲申	22乙酉	23丙戌	24丁亥	25戊子	26己丑	27庚寅	28辛卯	29壬辰	30癸巳
31甲午	32乙未	33丙申	34丁酉	35戊戌	36己亥	37庚子	38辛丑	39壬寅	40癸卯
41甲辰	42乙巳	43丙午	44丁未	45戊申	46己酉	47庚戌	48辛亥	49壬子	50癸丑
51甲寅	52乙卯	53丙辰	54丁巳	55戊午	56己未	57庚申	58辛酉	59壬戌	60癸亥

図表10　干支一覧

卜  貞 

また、「卜《ぼく》（）」は、占いの際に出現する骨のひび割れの象形であり、意味としては占いをしたことを意味する自動詞である。「某」の部分については人名であり、王の側近で占卜儀式を担当した「貞人《ていじん》」と呼ばれる人々である。

貞（）は鼎《かなえ》（甲骨文字では「」）の略体であり、仮借の用法でそれ以下の内容を占ったことを意味するので、「貞《と》フ」と訓じる。貞は他動詞であるが、目的語となる占いの内容が長くなることが多いため、「曰《いわ》ク」などと同様に先に読まれるのが一般的である。

なお、前辞は必ずしも「干支卜某貞」の五文字すべてが記されるわけではなく、「干支卜貞」「干支某貞」「干支卜」「貞」などの形があり、前辞を全く記さないこともある。

前辞に続く部分は占卜の内容であり、甲骨文字の主題である。占卜内容は「命辞《めいじ》（占辞《せんじ》ともいう）」と呼ばれ、王の安否や将来の天候、あるいは祭祀や狩猟の可否を占うものなど多様な事柄が対象になっている。

甲骨文字には吉凶判断が記されることもあり、これを「繇辞《ちゅうじ》」と呼ぶ。甲骨文字に記された繇辞は、ほとんどが王自身による判断である。また最終的な結果を記すこともあり、これを「験《けん》辞《じ》」という。ただし、甲骨文字は占卜の記録でありながら、むしろ繇辞や験辞が記される方が少数であり、多くは前辞と命辞を記すのみである。

そのほかにも、甲骨文字には文字資料として特徴的な部分があり、「右行《うこう》」の文章と省略の多用が見られる。

甲骨文字は、字形だけではなく文章についても左右が逆になることがあり、現代の縦書きと同じく右から左に行が移っていく文章を「左行《さこう》」と呼び、それとは逆に一番左の行から書き出して右に移っていくものを「右行」と呼ぶ。

また、漢文は英語とは違って主語や動詞の存在が必須ではないが、それは甲骨文字でも同じである。特に、甲骨文字は占いの内容を記録したものであるため、当事者にとって自明のことは省略される傾向が強い。本書では必要に応じて〔　〕で補うことにする。

図表11に挙げたのは甲骨文字の文章例であり、降雨を占ったものである。右行の文章であり、

図表11　降雨を占った甲骨文字（『甲骨文合集』24868。右行。最下部の二（＝）は占卜回数の記録）

書き下しと日本語訳は次のようになる。

乙《いつ》酉《ゆう》卜《ぼくシテ》大《だい》貞《とフ》、及《およビ》茲《こノ》二《に》月《がつニ》、有《あルカ》大《おおヒ》雨《あめフル》。

乙酉の日に占卜をして大（貞人の名）が占った。この（今年の）二月になって、大雨がふるか。

「乙酉卜大貞」が前辞であり、乙酉の日に「大」という人物が占卜儀式を担当したことを記している。また、「及茲二月有大雨」が命辞であり、二月に雨が降るかどうかを占っている。繇辞や験辞は記されていない。

このうち、「及（）」は人（）の後ろに手の形（）があり、人を追いかけて捕まえることが原義である。ここから引伸義で「およぶ」の意味になった。また、茲（）は連体修飾語であり「二月（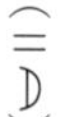）」にかかる。

有（）は助辞であり、大雨の到来が実現することを表す。なお、「大雨（）」の「大」は厳密には副詞であるが、「おおあめ」が日本語として定着しているので、そのまま日本語訳に用いた。

ちなみに、殷墟遺跡付近（黄河中流域）は冬から春にかけての乾季に降雨が少なく、殷代の暦における二月（諸説あるが太陽暦の一～四月のいずれかにあたる）は、現在では月間に数ミリ～十数ミリしか降雨がない。しかし当時は、温暖化が進んでいると言われる現代よりもさらに暖かかったようであり、甲骨文字では乾季であっても降雨が占われている。

第三章

字源研究の歴史

許慎の『説文解字』

すでに述べたように、漢字の歴史は約四千年前にさかのぼると推定されるが、研究が始まったのはそれよりも遅く、現存の資料では、後漢代（西暦二五～二二〇年）に許慎《きょしん》という人物が著した『説文解字《せつもんかいじ》』という文献が最古である（以下、『説文《せつもん》』と略す。『説文』は十五篇から成るが、本書では引用部分の篇数表記を省く）。

当時は、孔子に始まる儒学《じゅがく》が全盛であり、その古典文献（経書《けいしょ》）を読むための「訓詁学《くんこがく》」が盛んであった。『説文』もその一部であり、本来は経書の文字を正確に読むことを目的とした字典であった。

『説文』は、現存する最古の漢字字典であるにもかかわらず、九千字以上（異体字を含めると一万字以上）もの漢字を収録し、しかもきわめて整った内容になっている。さらに、漢字の成り立ちを四種類に分類したのも『説文』であり、個々の文字の解説でもそれが分かるようになっている（図表12参照）。

象形文字の場合には、「象形（形に象《かたど》る）」や「象〇之形（〇の形に象る）」などのように表記されることが多い。また、指事文字や会意文字については、「从〇从△（〇に従い、△に従う）」や「从〇△（〇・△に従う）」のように、「従う」という表現で文字の構成要素を示している。形声文字の場合には、「从〇△声（〇に従い、△の声《こえ》）」と記されており、前者が意符、後者が声符である。

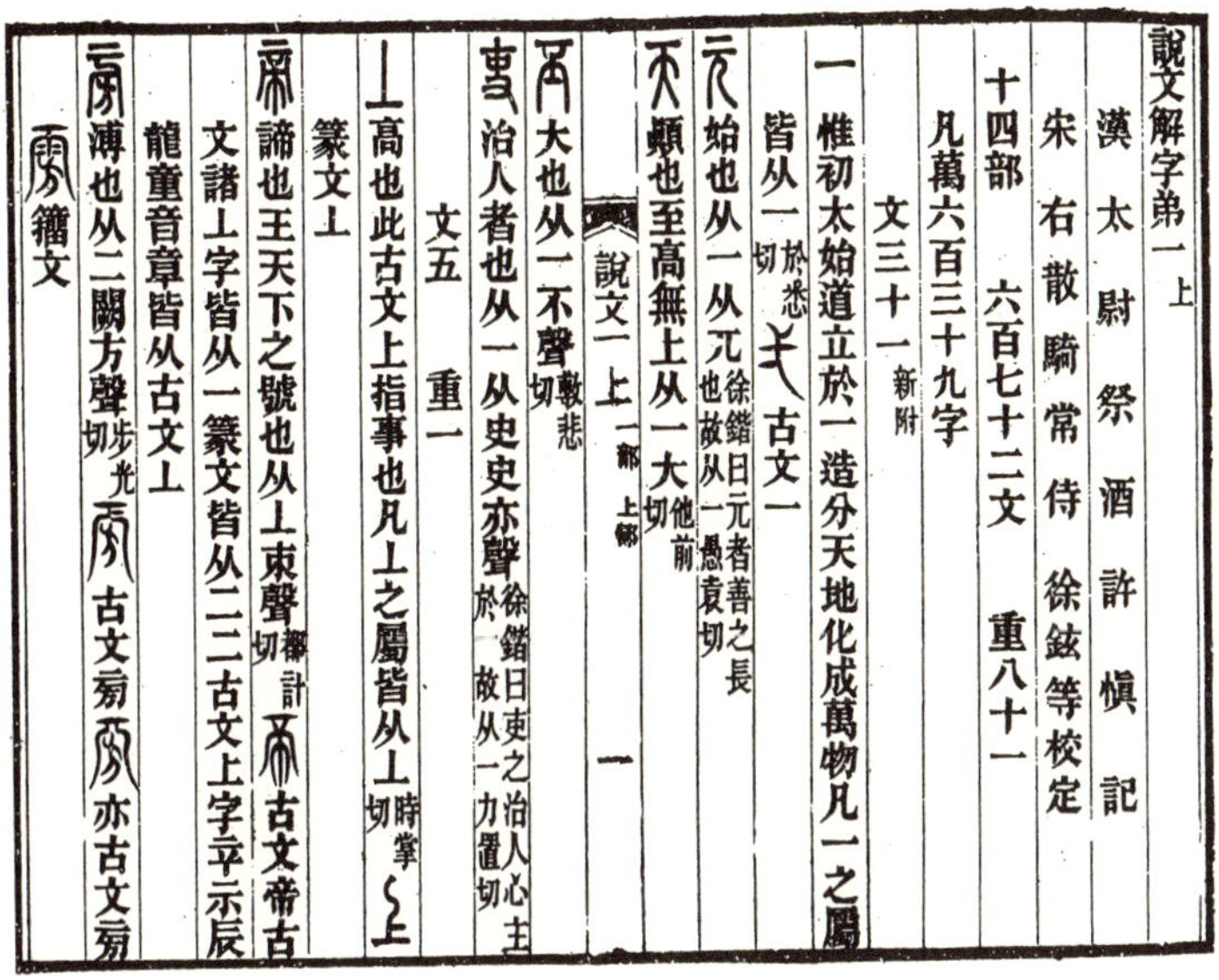
說文解字弟一上
漢 太 尉 祭 酒 許 愼 記
宋 右 散 騎 常 侍 徐 鉉 等 校 定
十四部　六百七十二文　重八十一
凡萬六百三十九字
文三十一 新附
一 惟初太始道立於一造分天地化成萬物凡一之屬
皆从一 於悉切 弌 古文一
元 始也从一从兀 徐鍇曰元者善之長也故从一 愚袁切
天 顚也至高無上从一大 他前切
丕 大也从一不聲 敷悲切
吏 治人者也从一从史史亦聲 徐鍇曰吏之治人心主於一故从一 力置切
文五　重一
丄 高也此古文上指事也凡丄之屬皆从丄 時掌切 上
篆文丄
帝 諦也王天下之號也从丄朿聲 都計切 古文帝古
文諸丄字皆从一篆文皆从二二古文上字辛示辰
龍童音章皆从古文丄
旁 溥也从二闕方聲 步光切 古文旁 亦古文旁
籀文
說文一上　一部　上部　一

図表12　『説文解字』（同治十二年刊本。冒頭部分）

声符が略体になっているものは「省声《しょうせい》」と表記される。

また、亦声《えきせい》の概念を提示したのも『説文』であり、「从○从△△亦声（○に従い、△に従う。△は亦《ま》た声）」のように説明されている。

なお、『説文』には、漢字の成り立ちとして象形・指事・会意・形声のほかに「仮借」と「転注《てんちゅう》」が挙げられており、合わせて「六書《りくしょ》」と呼ばれる。

このうち、象形以下の四種類は字形の成り立ちであるが、仮借については第二章で述べたように発音を借りた用字法である。許慎は、仮借を「本其《もとそ》の字無く、声に依《よ》り事を託す」と説明しており、発音を借りるという意味が分かりやすい。

一方、転注については、許慎は「類一首を建て、意を同じくして相《あい》受く」とするが、これが何を指すのか判然とせず、そのため諸説あって確定していない。

一説には、音楽がたのしいものであるから楽（ガク）を「たのしい」の意味（この場合はラク）にも用いたように、意味によって文字を借りたものという。そのほかにも、字形の一部を共有する文字を指すという説や、字音が派生した文字とする説などがある。

許慎は『説文』の中で具体例として「考・老是《これ》なり」の一例のみを挙げるが、考と老は、意味が近い（考は古くは死去した父親を指した）だけではなく、字形や字音も近い。そのため、どの学説が正しいのか分からないのである。したがって、本書でも「転注」という用語は使用せず、派生して出現した文字については、どの要素によって派生したのかを具体的に述べることにする。

ところで、『説文』が分析の対象とした字形はほとんどが篆書であり、ごく一部に戦国時代の字形を引用しただけである。つまり、より古い字体である甲骨文字や金文の情報を持たなかったのだが、字源の説明のうち七割から八割程度は、今から見ても問題がない記述になっている。

『説文』は最古の字典でありながら、字源についてもかなり正しい分析をしているのだが、逆に言えば、二割から三割は誤解や説明不足の文字がある。特に、字形や字義の変化が大きいものに誤りが多く、例えば、許慎は「臣」を篆書の形（臣）から「屈服の形に象る」とするが、古い字形では「」であり、これは目（）の向きを変えた形である。

また、許慎は「韋《い》」の字源を「獣皮」と関連させるが、これは戦国古文で「韋」を仮借して「なめしがわ」の意味に使っていたことからの誤解である。古い字形（）は城壁の形（口）と足の形（）から構成されており、都市の周囲を人々（おそらく兵士）が囲んでいる様子を表し、「囲（圍）」または「違」の初文とも言われる。ちなみに、「なめしがわ」の呼び名は地域によって様々だったようであり、『説文』にはその意味で「靤《はく》」や「靼《せつ》」などの文字も掲載されている。『説文』には、儒学や陰陽学《いんようがく》（神秘思想）の理念に基づいて字源を解釈した文字も多い。しかし、これらは春秋戦国時代に始まる思想であり、漢字はそれよりもはるか以前から存在したのであるから、当然、その解釈は誤りとなる。

例えば、許慎は「三」を「天地人の道なり」とするが、甲骨文字の段階では「天地人」という概念はなく、「天」を主神として崇拝したのは周代の信仰である。実際のところは、三（三）は指事記号の一（一）を単純に重ねただけにすぎない。

また、許慎は「五」を「五行《ごぎょう》なり。二に従い、陰陽の天地の間に在りて交午（交錯すること）するなり」とするが、やはり「五行」や「陰陽」も後起の思想である。三（三）や五（）は、甲骨文字から篆書まで字形がほとんど変わっていないが、単純化された記号であるため、かえって恣意的な解釈がされやすかったのである。

もっとも、こうした誤りは、近代において甲骨文字や金文の研究が進んではじめて発見されたものであるから、やはり『説文』は当時としては優れた研究書だったのである。『説文』以後も、許慎の研究の枠組みは、近代になるまで二千年近くにわたって維持された。

さらに、漢字を「部首」で分類したのも『説文』が最初である。『説文』は、部首によって文字をグループ化する方法を採用し、各グループの冒頭で部首の字形について解説し、その後、それを部首とする文字を並べたのである。

ただし、『説文』はあまり使われない形であっても部首として認定したため、部首分類が五百以上にものぼっている。ちなみに、現代の漢和辞典の部首分類は、清代中期（十八世紀）に作られた『康熙字典《こうきじてん》』を継承しているものが多く、二百余りに整理され、また部首やその内部も画数順に文字が並べられている。

『説文』の分類は、部首を画数順に並べるような整理がされておらず、また部首内部の文字の並びにも一定の法則がないため、現代の字典に比べれば文字を引きにくい。しかし、それでも『説文』は二千年近くにわたって権威とされていたのであり、中国で出版される古代文字の字典には、今でも『説文』の部首分類を採用しているものが少なくない。

なお、『説文』のような優れた文献が、ただ一人の手によって完成したとは考えがたいとする説もある。あるいは、それ以前からあった字源研究を許慎が集成したのかもしれない。

字典製作と右文説

前述したように、『説文』以後も、字源研究の方法は、ほぼ許慎のものが継承された。繰り返すが、『説文』はそれだけ優れた理論を持っていたのである。

一方、漢字の数は『説文』以後も増加していった。文明や思想が発達すると新たな文字が必要とされ、それに応じて漢字が作られていったのである。例えば、植物については木（きへん）や艸（くさかんむり）を用いて新たな分類が行われ、同様に動物の分類については犬（けものへん）や虫（むしへん）などが使われた。人間の言動の場合には、言（ごんべん）や手（てへん）を用いた文字が多い。

そのため、『説文』以後にも収録字数を増した字典が製作された。南朝の梁《りょう》（五世紀）で作られた『玉篇《ぎょくへん》』は、本文の大部分が散佚したが、成書時点では収録字数が約一万七千字にのぼったという。

また、中古音の時代になると、押韻《おういん》を用いた詩（李白《りはく》や杜甫《とほ》が有名。古代の『詩経』とは別）が流行したこともあり、発音の辞典も製作された。これは「韻書《いんしょ》」と総称される。

韻書では「反切《はんせつ》」という方法を用いて字音が表示された。これは声（声母）と韻（韻母）を別の文字で表す方法であり、例えば、「天」が「他前切」と説明されていれば、「他」の声と「前」の韻を組み合わせた字音であることを意味する。反切は、絶対的な発音記号ではなく、他の文字を用いた相対的な表示なので、発音が同じ文字を抽出することはできるが、元の発音を復元することが難しいという学術上の短所がある。

また、韻書では「開口《かいこう》」や「合口《ごうこう》」などの用語により介音の有無を説明したり、平声や上声などの声調も表記された。

そして、北宋王朝（十〜十二世紀）では、知識人を中心とする士大夫《したいふ》文化《ぶんか》が最盛期を迎えた。この時代には理論を重視した宋学《そうがく》（理学《りがく》や道学《どうがく》とも言う）が流行し、のちに朱子学《しゅしがく》として大成された。もっともその「理論」は今から見ると稚拙なものも多く、例えば、万物のすべてについて、法則としての「理」と現象としての「気」で説明しようとする「理気二元論《りきにげんろん》」などがあったが、直接的には近代科学につながるものではなかった。

しかし、物質的な技術で見れば、北宋王朝の人々は当時の世界最先端の知識を持っていた。北宋の陶磁器は、現在でも美術品としての価値が非常に高い。また、火薬や羅針盤なども北宋王朝の時代に発明されたものである。

字源研究に関しては、この時代に流行したのが「右文説《うぶんせつ》」というものである。漢字（楷書）には形声文字が多く、また、その構造は左に意符としての偏《へん》、右に声符としての旁《つくり》があるものが多い。右文説とは、形声文字の右側、すなわち声符にも意味を求めようとする考え方である。

このうち最も極端な学説を唱えたのは、新法改革で有名な王安石《おうあんせき》であった。その著書の『字説《じせつ》』は散佚して残っていないため、内容について詳しくは分からないが、すべての声符に意味を求め、実際には形声文字であっても無理に会意として解釈したと言われている。例えば、「波」（実際は「皮」が声符）を「水の皮である」とするような主張である。

しかし、結論を言えば、すべての形声文字に右文説を適用することは不可能であった。王安石も、先ほどの学説に対して、「それでは『滑』は『水の骨』なのか」と言われてやり込められたと伝えられている。

一方で、近代の研究により、亦声を含む文字が多いことも判明している。許慎が『説文』で「亦声」と明記した文字は二百字余りであるが、実際にはもっと多かったのである。

例えば、許慎は「教（敎）」を会意文字、「雉」を形声文字とするが、第二章で述べたように、教は爻《こう》の部分が発音の表示を兼ねており、雉は矢の部分が発音だけでなく意味も表示する亦声の部分である。また、意符を追加して作られた派生字には特に亦声が多く、「雲」や「祖」は、それぞれ初文の「云」「且」が声符と意味を兼ねており、亦声の部分である。したがって、右文説は現代の字源研究にもつながる考え方だったと言えるだろう。

そのほか、北宋成立期（十世紀後半）には、徐鉉《じょげん》・徐鍇《じょかい》の兄弟によって『説文』に注釈が加えられた。先に注釈書を作ったのは弟の徐鍇であり、その死後、研究を引き継ぐような形で兄の徐鉉も注釈書を製作した。現在、広く使われているのは徐鉉の注釈書であり、前掲の図表12もその系統である。

このように、北宋王朝では様々な文化や学術が発達したのだが、その後、北方民族である女真《じょしん》族（金《きん》王朝。十二～十三世紀）によって領土の半分が奪われ、さらにモンゴル帝国（中国地域は元《げん》王朝すなわち大元《だいげん》ウルスの支配。十三～十四世紀）によって全土を支配されるに至った。

近年の研究では、元王朝の支配階層であるモンゴル族は、積極的に漢語文化を貶める意図はなかったとされ、「九儒十丐《きゅうじゅじっかい》」（知識人である儒学者を蔑視する政策）なども後代の作り話だという。しかし、モンゴル族は血縁や軍功を重視した軍事封建の国家を形成したため、漢民族の知識人は冷遇された。そして、結果として北宋までの優れた学術や制度の一部が失われ、中国の文化そのものが衰退したのである。

これによって漢字の研究も停滞し、新しい研究者がほとんど出現しなくなった。それどころか、『説文』も唐代以前の版本が失われ、現在では、ごく僅かな部分を除いて北宋の徐兄弟以降のもののしか見ることができない。

そして、再興した漢民族の王朝である明《みん》王朝（十四～十七世紀）の時代にも、北宋のような優れた文化を回復することはできず、やがて科学知識でも軍事力でも西欧諸国に追い越されることになった。漢字研究についても、字書として三万三千字以上を収録した『正字通《せいじつう》』などが刊行されたが、字源の研究には大きな発達はなかった。

金石学と音韻学の発達

明の滅亡後に成立した清《しん》王朝（十七～二十世紀初頭）は、北方民族の女真族（満洲《まんしゅう》族）が中国全土を支配した王朝であったが、歴代皇帝に漢語文化に対する理解があったため、モンゴル帝国ほどの文化破壊は起こらなかった。しかし、やはり北方民族を中心とした政治構造であったため、漢民族の知識人は活躍の場が少なかった。

中国では、伝統的に知識人が官僚となって人民を統治しており、学術よりも政治的な分野に力が注がれる傾向が強かった。これに対し、清代には漢民族は官僚になれなかったり、仕官しても地位が低かったりしたため、そのエネルギーが学術に向かったと言われる。

こうして清代に盛行したのが「考証学《こうしょうがく》」である。それまでの古典研究は儒学経典の内容を肯定することを目的としたものが多く、一種の神学のようになっていた（「経学《けいがく》」と呼ばれる）。一方、清代の考証学は、文字通り古典の内容を科学的に考証しようとしたものであり、東アジアにおける近代的学術の先駆けとなった。清朝考証学のうち、字源研究に関わるものは金石学《きんせきがく》と音韻学《おんいんがく》の発達である。

金石学とは、金文や碑文を対象とした研究であり、特に西周金文の読解が古代文字の知識を蓄積させた。青銅器の器形や銘文を記録し、それを分析しようとする試みは、すでに北宋代から行われていたが、モンゴル帝国の時代に一旦は衰退していた。清代には、考証学者がそれを復活させたのである。

清代の金石学研究としては、考証学の祖である顧炎武《こえんぶ》の『金石文字記《きんせきもじき》』のほか、阮元《げんげん》『積古斎《せきこさい》鐘鼎彝器款識《しょうていいきかんしき》』や王昶《おうちょう》『金石萃編《きんせきすいへん》』（図表13）などが知られている。清代の後期には、金文をかなり正確に読解できるようになっており、若干の誤字や誤釈があるが、おおよその文意は把握できている。清代の金石学は読解が中心であり、歴史研究という水準に到達したものは少なかったが、それでも後の古代文字研究の基礎になったことは間違いない。

　また、音韻学の分野では、中古音や上古音の復元が試みられた。清代の音韻学研究としては、顧炎武『古音表《こおんひょう》』、江永《こうえい》『古韻標準《こいんひょうじゅん》』、段玉裁《だんぎょくさい》『六書音韻表《りくしょおんいんひょう》』などがある。

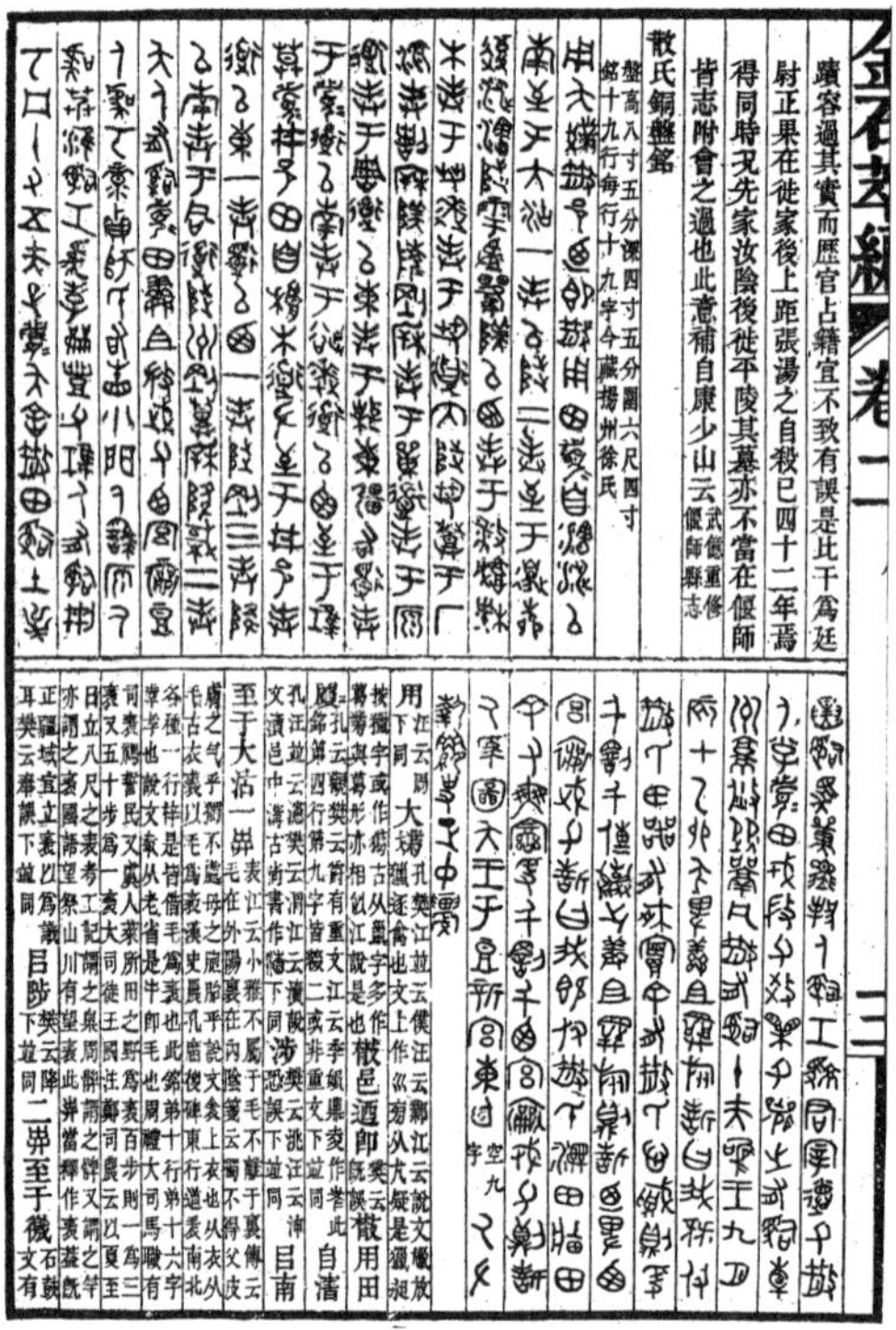

図表13 『金石萃編』（巻二の一部）

　清代の音韻学における上古音の分類方法は、『詩経』などの文献資料で用いられた押韻から発音を復元するため、必然的に韻が中心になっている。その分類は、主母音と韻尾で区分され、

「某部」と呼ばれる。部の数は考証学者によって異なり、当初は十部程度であったが、後に二十部前後に分類された。さらに、介音の有無などによって個々の文字の発音が分析されたが、すでに述べたように押韻は具体的な発音記号ではないため、「グループ化」の段階でとどまることになった。

また、考証学者のうち段玉裁は、『説文』に詳細な注釈を加えたことでも知られている。段玉裁が著した『説文解字注《せつもんかいじちゅう》』は、かつての訓詁学に加え、金石学や上古音復元の成果も取り入れられており、清朝考証学の大きな成果であった。もっとも、これは甲骨文字が発見される前の著作なので、字源研究書としては今ではあまり意味がないが、漢字の研究史のうえで重要な資料であることに変わりはない。

また、字典としては第四代康熙《こうき》帝《てい》の勅命で『康熙《こうき》字《じ》典《てん》』が製作された。この字典は四万字以上を収録し、また過去の研究を要約して掲載しており、漢字研究のひとつの到達点と言えるだろう。ただし、古今の資料から集成したため、特定の時代しか使われなかった文字や、歴史資料にほとんど出現しない文字も少なくない。

甲骨文字の発見と解読

甲骨文字が発見されたのは、十九世紀の末である。伝説では、一八九九年に国子《こくし》監祭酒《かんさいしゅ》（文部長官）であった王懿《おうい》栄《えい》がマラリアの薬として売られていた「竜骨《りゅうこつ》」を見たところ、そこに金文よりもさらに古い文字が刻まれていることを発見したとされている。

しかし、近年ではこの伝説に疑問が呈されており、話がよく出来すぎているとか、「竜骨」は販売前に粉末にされるため文字が読めるはずがないなどの指摘がある。そのため、実際のところは、金石学の大家であった王懿栄の元に、古物商が粉砕される前の「竜骨」を持ち込んだのではないかと推定されている。こうしたわけで、甲骨文字の正確な発見年代は今も不明であり、「十九世紀の末」としか表現できないのである。

いずれにせよ、初めて甲骨を収集し、研究を始めたのは王懿栄であったが、彼は清代末期の義和団《ぎわだん》事件に巻き込まれる形で自殺し、研究はその客人であった劉鶚《りゆうがく》（号は鉄雲《てつうん》）に引き継がれた。劉鶚は、一九〇三年に『鉄雲蔵亀《てつうんぞうき》』を出版し、甲骨文字が人々の知るところとなった。その後、劉鶚も罪を着せられて流刑となり、甲骨文字の研究は、さらに羅振玉《らしんぎょく》とその弟子であり娘婿であった王国維《おうこくい》に引き継がれ、彼らは多くの成果を挙げた。

当時、すでに清朝考証学における金石学や音韻学の蓄積があったため、解読は比較的早く進んだ。また、漢字の字形が甲骨文字から金文などを経て現代まで継承されたことも、解読を容易にした一因である。なお、羅振玉と王国維は、一九一一年に辛亥《しんがい》革命が起こると日本に亡命し、京都で研究を続けた。

その後、中華民国が成立したが、政情が不安定であり内戦がたびたび発生した。甲骨文字の出土した場所が確かめられ、大規模な発掘が始められたのは、中華民国がやや安定した一九二八年のことである。その後、十五回にわたって発掘作業が続けられ、一九三六年の第十三次発掘では最も多くの甲骨が発見された。

甲骨文字の研究は、当初は文字や熟語の単位でしか解読されていなかったが、一九二〇〜三〇年代になると、文章としても理解できるようになり、歴史研究にも応用された。また、甲骨文字と平行して金文も研究が続けられており、両者を対比させることも研究の進展をもたらした。

このころに活躍したのは郭沫若《かくまつじゃく》や董作賓《とうさくひん》であり、後に胡厚宣《ここうせん》や陳夢家《ちんぼうか》なども加わった。郭沫若は、甲骨文字の研究書として『卜辞通纂《ぼくじつうさん》』や『殷契萃編《いんけいすいへん》』などを出版しており、そのほか金文や唐詩など広範な研究を行った。

董作賓は、「大亀四版考釈《たいきしはんこうしゃく》」で前辞のうち卜と貞の間にある文字が貞人の名であることを発見した。また、「甲骨文断代研究例《こうこつぶんだんだいけんきゅうれい》」では、貞人名のほか、字体や祭祀対象などを元にして、甲骨文字を五つの時代に区分した。董作賓の時代区分については、近年に「第四期」が実は第一期と第二期の間に入ることが明らかにされ、また二つの製作者集団が併存していたことが判明したが、五期区分という枠組みは現在でも有効である。

また、字源についても分析が進められた。『説文』による字源の解釈は、すでに述べたように七〜八割は正しいのであるが、二〜三割は誤りや説明不足の文字がある。こうした不備についても、甲骨文字の研究によって徐々に修正されていった。

ただし、字形や字義は甲骨文字を読めば理解できるが、字源は見ただけでは必ずしも分からないため、その研究には依然として誤りが少なくなかった。また、羅振玉や郭沫若などは部分的に字源研究を行ったが、あくまで文字資料を読むための手段だったようで、総合的な字源字典は作られなかった。

そして、一九三〇年代の後半になると日中戦争が勃発し、研究の継続が難しくなった。董作賓は戦争中にも研究を進めたが、疎開して内陸部を転々と移動したため、荷車に甲骨を積んで運ぶなど大変な苦労をしたという。

なお、移動の際に悪路の衝撃で甲骨がバラバラに割れてしまったと言われることがあるが、甲骨は占卜によって多くのひび割れを発生させるため、地中ですでに割れてしまっていることが一般的である。例えば、戦後に出土した小屯南地《しょうとんなんち》の甲骨も、その多くが割れた状態で発見されている。研究に影響があったのは、綴合《てつごう》（割れた甲骨をつなぎ合わせる作業）したものが再び割れてしまったということである。

さらに中国では、日中戦争の終結後も、それに匹敵する戦乱である国共内戦が発生した。そして中国は大陸と台湾に分裂し、董作賓も台湾に移住することを余儀なくされた。

字源研究の発達と停滞

戦後になると、日本でも甲骨文字や金文に基づく歴史研究や思想研究が盛んになった。貝塚茂樹《かいづかしげき》・島邦男《しまくにお》・池田末利《いけだすえとし》・赤塚忠《あかつかきよし》・伊藤道治《いとうみちはる》・松丸道雄《まつまるみちお》（生年順）など、多くの研究者を輩出したのである。また、一九五〇年代には、中国（および台湾）でも研究が再開された。陳夢家『殷虚《いんきょ》卜辞綜述《ぼくじそうじゅつ》』と島邦男『殷墟卜辞研究《いんきょぼくじけんきゅう》』は、当時の甲骨文字研究の双璧である。そのほか、字音の研究者として中国で王力《おうりき》が活躍し、清朝考証学以来の上古音研究を大成させた。

　そして、日本では字源研究も大きな進展を見せた。字源研究者として有名なのは加藤常賢《かとうじょうけん》・藤《とう》堂明保《どうあきやす》・白川静《しらかわしずか》の三名であり、そのほかにも前掲の研究者たちが部分的に字源研究を行った。

　詳しくは第四章以降に述べるが、加藤は文字の発音に注目して字源研究を行っており、その著書に『漢字の起原』などがある。また、藤堂も発音から字源を研究したが、上古音を復元してグループ化したことが特徴であり、著書に『漢字語源辞典』や『学研　大漢和字典』などがある。白川は、主に字形から字源を分析し、特に古代王朝の呪術儀礼に着目したことが特徴であり、著書に『漢字の世界』や『字統《じとう》』などがある。

　しかし、一九七〇年代以降には、古代文字の研究そのものが停滞した。直接の原因は研究者の減少であり、前述の研究者たちが引退した後、それを受けて研究を継続しようとする者が少なかったのである。初期の研究者があまりに有名であったため、その批判をすることが難しいという理由があったかもしれない。

　いずれにせよ、古代文字の研究が停滞し、字源研究に関する著作についても、一九八〇年代後半からは前述の三者の再版・改訂や、その焼き直しが中心になった。字源研究は一般の人々の興味を引くため、それに向けた解説書は少なくないのであり、今でもしばしば一般向け字源解説書が出版されている。しかし、三者の研究がほぼ完了してからは、古代文字の専門分野に踏み込んで漢字の成り立ちを新たに分析したものはほとんどないのである。

強《し》いて言えば、筆者が二〇一一年に出版した『甲骨文字小字典』があり、個々の甲骨文字について字形の成り立ちと字義を解説し、また過去の研究への簡単な批評を加え、甲骨文字の例文も掲載している。ただし、『甲骨文字小字典』は教育漢字として残っている文字のみ（約三五〇字）が対象であり、総合的な字典とは言いがたい。

日本では、今までに多くの漢和辞典が出版され、字源の解説も付記されていることが多い。しかし、古代文字を総合的に分析した研究は近年では全く発表されておらず、各種の辞典で採用されている字源説も、三十年以上も前のものなのである。

古代文字の資料整理

日本では研究者の減少によって古代文字の研究が停滞したが、中国でも研究活動を阻害する事件が発生した。それは一九六〇年代後半に起こった「文化大革命《ぶんかだいかくめい》」であり、支配者層の権力闘争が民間にも波及し、無関係な知識人まで迫害や粛清の対象になった。

文化大革命はきわめて非論理的に進行し、学説が権力者の主張に合わない場合だけではなく、知識人であること自体が反社会的と見なされた。古代文字研究の大家であった陳夢家も、ここで命を落としている。

中国では、一九七〇年代に文化大革命が収束し、古代文字の研究が再開されたが、当初は歴史研究はあまり盛んではなく、資料の整理に力が注がれた。

それまでは、古代文字資料が個別の研究者によって編集・出版されており、甲骨文字の拓本集だけで何十種類もあった。そこで、郭沫若を主編とし、胡厚宣らが協力して『甲骨文合集《こうこつぶんがっしゅう》』の編纂が行われた。一九七七年から一九八二年にかけて公刊された『甲骨文合集』は、それまでに発表された拓本の大部分（約四万片）を収録している。

ちなみに、郭沫若は『甲骨文合集』がすべて公刊される前（一九七八年）に死去したが、陳夢家とは対照的に世渡りが上手であり、政務院副総理（当時の行政副長官）などを歴任している。『甲骨文合集』の編集作業も文化大革命の迫害を切り抜けて続けられており、郭沫若の政治力の成果と言ってもよいだろう。

そのほか、一九八〇年には『甲骨文合集』の編集作業と並行して出土した甲骨が『小屯南地甲骨《しょうとんなんちこうこつ》』として出版された。また、一九八五年には、イギリスの大学や博物館などが所蔵する甲骨が『英国所蔵甲骨集《えいこくしょぞうこうこつしゅう》』として発表された。金文についても、甲骨文字と同じく何十種類もの拓本集があったが、これも一九八四年以降に『殷周金文集成《いんしゅうきんぶんしゅうせい》』としてまとめられた。

一九八八年には、『甲骨文合集』や『小屯南地甲骨』など約五万片を対象として字釈を行った姚孝遂《ようこうすい》主編『殷墟甲骨刻辞《いんきょこうこつこくじ》摹釈総集《もしゃくそうしゅう》』が出版された。さらに翌年には、同じく姚孝遂を主編として甲骨文字の索引である『殷墟甲骨刻辞類纂《るいさん》』が刊行されている。

世界初の甲骨文字索引としては、一九六七年に発表された島邦男『殷墟卜辞《いんきょぼくじ》綜類《そうるい》』があるが、字釈や隷定を付記していないため使いにくい。また引用元も当然、『甲骨文合集』以前のものであるため、原典を引くことに手間取るという欠点もあった。これに対し、姚孝遂は『殷墟甲骨刻辞摹釈総集』の字釈を利用して索引を製作しており、対象も『甲骨文合集』など新しい拓本集であるため、研究上で利便性が高い構成になっている。

また、一九八〇年代後半には、中国でも再び古代の歴史研究が盛んになり、甲骨文字の字典としても趙誠《ちょうせい》『甲骨文簡明詞《こうこつぶんかんめいし》典《てん》』や徐中舒《じょちゅうじょ》『甲骨文字《こうこつぶんじ》典《てん》』などが著された。ただし、中国では伝統的に文献資料の権威が強く、これらの字典を含め、甲骨文字や金文に対する科学的な研究は現在でもあまり進んでいない状況である。

一九九〇年代以降にも、甲骨文字や金文の拓本集として『甲骨文合集《こうこつぶんがっしゅう》補編《ほへん》』『殷墟花園荘東地《いんきょかえんそうとうち》甲骨《こうこつ》』『近出殷周金文集録《きんしゅついんしゅうきんぶんしゅうろく》』などが刊行され、最近でも『北京大学珍蔵甲骨文字《ペキンだいがくちんぞうこうこつもじ》』や『殷墟小《いんきょしょう》屯村中村南甲骨《とんそんちゅうそんなんこうこつ》』などが出版されている。また、『殷周金文集《いんしゅうきんぶんしゅう》成引得《せいいんとく》』の索引として『殷周金文集成引得』が製作された。

戦後には、戦国時代の竹簡も多く発見されており、『包山楚簡《ほうざんそかん》』や『郭店楚墓竹簡《かくてんそぼちっかん》』などが刊行されている。また、戦国時代の字形をまとめて見る場合には、何琳儀《かりんぎ》『戦国古文字典《せんごくこぶんじてん》』が便利である。

そのほか、甲骨文字から楷書までの字形の変遷をまとめたものとして、徐無聞《じょむぶん》『甲金篆隷大字《こうきんてんれいだいじ》典《てん》』がある。『甲金篆隷大字典』は、初版では『説文』の部首順となっており、やや不便であったが、近年に再編集したものが出版され、現代の漢和辞典に合わせた部首整理がされた。

一方、日本では、所蔵する資料が少ないこともあり、古代文字の資料整理はあまり盛んではなかった。前述の島邦男『殷墟卜辞綜類』は、後に増訂もされており、当時としては大きな成果であったが、今では『殷墟甲骨刻辞類纂』のほうが使いやすい。それ以外では、甲骨文字について過去の研究の字釈や隷定を集めた松丸道雄・高嶋謙一《たかしまけんいち》『甲骨文字字釈総覧《こうこつもじじしやくそうらん》』が有用である。

また、日本にある甲骨文字の拓本集としては『京都大学人文科学研究所所蔵　甲骨文字』や『東京大学東洋文化研究所所蔵甲骨文字』などがある。金文については、各地の博物館や研究所などに分散しており、また『殷周金文集成』に収録されているものも多いため、大部の資料集成は見られない。

なお、中国では字源研究書についても二十一世紀になってから急速に刊行が進み、谷衍奎《こくえんけい》『漢字源流字典』や竇文宇《とうぶんう》・竇勇《とうゆう》『漢字字源』などが出版された。また、大部のものとして黄徳寛《こうとくかん》『古文字譜系疏証《こもじふけいそしょう》』（全四冊）や李学勤《りがくきん》主編『字源』（全三冊）もある。

ただし、中国では字義や字音からの分析方法が未確立であり、また資料の時代差もあまり考慮されないため、単独の字形だけから研究をする傾向が強い。そのため、容易に分析できない文字については、字源を「不明」としたり、『説文』に依拠するだけのものが多く、また恣意的な字形解釈も少なくない。

中国では伝統的に文献資料の影響が強く、古代文字の記述よりも文献の記述を鵜呑みにすることが多く見られる。中国の研究については、発達した資料整理の技術に比べ、字源研究や歴史研究は未熟と言わざるを得ないのが現状である。

中国では字源研究の方法も共有されていないようであり、研究者によって内容が大きく異なり、玉石混淆《ぎょくせきこんこう》の状況である。ただし、逆に言えば、研究者によっては比較的正確な分析をしているものもあり、例えば前述の『戦国古文字典』は、戦国古文の解説でありながら、甲骨文字や金文の研究者よりも字源を正確にとらえているものが多い。また、孟世凱《もうせいがい》『甲骨学辞典』は、字源はやや不正確であるが、字義についてはかなり網羅的に集めている。

このように、中国では日本の字源研究の成果が引用されることは少なく、結果として伝統的な研究に依存する状況になっている。一方、日本では、中国で資料整理が進む前に字源研究が停滞したため、効率的に古代文字資料が活用されていない。つまり、互いに必要な情報を持ちながら、それを総合した研究がされてこなかったのである。

本書は、次章から具体的に字源を検証していくが、日本における字源研究の蓄積だけではなく、中国で整理された資料も利用する。筆者が字源研究に費やした時間は、過去の研究者に比べれば少ないかもしれないが、日中双方の成果を併用することで、比較的容易に、しかもより確実な成果を挙げることができたのである。

なお、本書の末尾に用語解説を掲載した。次章以降に分からない語句が出てきた場合には、本文を読み直すよりはこれを引くほうが便利であろう。用語解説は、おおまかには本書で取り上げた順になっており、時代・書体・漢字の成り立ち・漢字の形と意味・漢字の発音・甲骨文字の字体と文章・字源研究者という分類である。

第四章

字音からの字源研究

加藤常賢の研究

現代において最も早く総合的な字源研究を始めたのは加藤常賢《かとうじょうけん》であり、一九四九年から順次「漢字ノ起原」として学説を発表し、一九六八年まで刊行した。それをまとめ、さらに加筆したのが一九七〇年に出版された『漢字の起原』である（本書では、加藤常賢の学説については、特に注記がない場合には『漢字の起原』からの引用である）。

第二章で述べたように、漢字には字形・字義・字音の三つの要素があるが、加藤はこのうち字音を重視しており、次のように述べている。

> 漢字を考える場合には、「字形」を理解してかかることの重要なことは論を待たないが、まず「音」がいかなる意味を表わしているかを知ることがさらに重要である。何となれば、字より先に音があって、その音に意味が寓せられていたからである。（『漢字の起原』一六頁）

文字の発明は数千年前であるが、言葉の使用はそれよりもはるかに早く、少なくとも数十万年の歴史があると推定されている。したがって、「字より先に音があっ」たことは間違いなく、議論の出発点としては一定の合理性があったことになる。

しかし、加藤の字源分析には根本的な誤りが多く見られる。次に挙げたのは「光（）」の字

源に関する記述の抜粋である。

字形 説文はこの字を「火が人の上に在って、光明の意なり」と説明している。…（略）…いったいなにゆえに「人」の上に「火」のあるのが「光明」の意であるのか、私には分からない。…（略）…この字は「火に従い尣（尪《おう》）の声」の形声字である。「尣」は「尪」で佝《く》僂《る》の形象で、ここでは「尪」「尫《おう》」の音を表わす借字である。

字音 「古皇切」（クヮウ）である。「尪」がこの音を表わす。この「尪」の音は「大」の意を示している。

字義 「火」の意符と「大」の意を合わせたこの「光」字は「大火」の意である。火の盛大なのは闇黒を「明らかに照らす」ものであるから、まさに光明の意である。…（略）…（『漢字の起原』三二五〜三二六頁）

この例で字音の説明として挙げられている「古皇切」は、『説文』の大徐本（徐鉉の注釈）によっており、反切によって「光」の発音を表示したものである。つまり、「古」の声（声母）と「皇」の韻（韻母）を組み合わせたものが「光」の発音という意味である。

ここで問題になるのは、徐鉉は中古音で注釈を加えたということである。徐鉉の時代には上古音は研究されておらず、必然的に中世の発音である中古音で説明せざるを得なかった。

しかし、中古音は西周金文から千年以上も後の発音であり、甲骨文字からは千五百年以上も離れている。加藤は、個々の漢字の成り立ちを字音を中心に分析したのであるが、漢字が作られた時代から少なくとも千年以上も後の発音を元にしたのであるから、この一点だけでその研究の価値はきわめて低くなってしまう。

加藤は、「漢字の古代の発音は、正確に言えば、今日ではわからぬと言ってさしつかえない」(『漢字の起原』一七頁)とするが、当時、すでに清朝考証学以来の音韻学の蓄積があり、上古音についてもある程度は分析がされていた。加藤はそうした研究史を無視して中古音から字源研究を行ったのである。『漢字の起原』は末尾に文献解題を付しており、上古音の研究も含まれているが、加藤はそれも引用していない。

さらに、「古皇切」の後に記された「クヮウ」は日本の漢音である(現代の仮名づかいでは「コウ」)。第二章で述べたように、漢音は中国で直接学ばれた発音であるため、呉音に比べて体系が一貫しており、また清音化しているため形声文字とその声符との関係が分かりやすい。

しかし、漢音は元の中古音を簡略化しているから分かりやすいのであって、中古音を正確に表現したものとは言えない。例えば韻の数について言えば、中古音では百以上の韻があったと推定されているが、漢音ではそれが五十ほどに簡略化されている(現代の仮名づかいではさらに減る)。

つまり、漢音は時代的にも地理的にも漢字の成り立ちからは遠く離れているのであり、それに基づいた字源研究は、必然的に学術的な価値が低くなってしまうのである。

また、加藤の研究は字音を重視したため、逆に字形の分析は軽視されており、そのため恣意的な字形解釈が多く見られる。

加藤は光（）の下部を「」の形として「𡈼」と見なしたが、正確には「」の形であり、楷書では「卩《せつ》」にあたる。卩は、光とは発音上の関連がないため、形声文字とする加藤の学説は根拠を失うことになる。なお、卩（）は、加藤が言うような傴僂（せむし）の象形などではなく、人が正座した様子を表した形であり、左下に膝があり、右下が足首にあたる。光（）に含まれる卩（）の部分は、隷書で「儿《じん》」に形が変化した。

さらに言えば、光（）は甲骨文字の初期にすでに見られるが、「𡈼」やその初文である「尣《おう》」は甲骨文字には見られない。現存する資料では、「尣」は西周代中期の金文に初めてその字形（）が見られ、篆書では「」の字形になっているが、これも傴僂ではなく、足が曲がった様子を表した文字である。それに声符として王（正確には「往」の旁）を加えた繁文が「𡈼」であるが、「尣」も「𡈼」も殷代の資料からは発見されていないのである。

このように、字形を精査せず、しかも新しく作られた文字によって、より古い字形を解釈しようとしたことも加藤の分析の欠点である。

また、前掲のように、加藤は字形よりも「『音』がいかなる意味を表わしているかを知ること

がさらに重要である」ということを前提に研究したのであるが、漢字の成り立ちにおいて字音が重要であることと、漢字に声符（または亦声）が含まれることは全く別の問題である。

漢字には、純粋な（亦声を含まない）象形・指事・会意文字も多いのであるが、加藤はそれも形声文字や亦声として解釈したため、多くの誤解を生んだのである。「光」についても、「いったいなにゆえに『人』の上に『火』のあるのが『光明』の意であるのか、私には分からない」とするが、これも形声として解釈しようとした結果なのであり、純粋な会意文字として、座った人（）が火（）を掲げて光で対象を照らすさまと解釈すれば何の問題もない。

加藤の字源研究は、全体的にこの調子で進められている。加藤は字音を重視し、かつての「右文説」が形声文字を会意として解釈したのとは逆に、象形文字や会意文字であっても形声（または亦声）として解釈しようとしたのであるが、結果としては誤解や曲解に満ちたものになってしまった。ごく一部には加藤が字源を発見した文字もあり、何よりも現代における総合的な字源研究の先駆けだったのであるから、研究史のうえでは重要な存在であるが、その研究内容は、今となっては見るべき部分が少ないのである。

藤堂明保の研究

字音を重視したもう一人の研究者が藤堂明保《とうどうあきやす》である。藤堂は、加藤よりもやや遅れて字源研究を開始したが、加藤の『漢字の起原』よりも早く、一九六五年に『漢字語源辞典』として字源研究の全体像を提示した。さらに、一九八〇年には大部の『学研　漢和大字典』を公刊しており、これは漢和辞典の体裁をとっているが、漢字の成り立ちや字音の変化なども掲載している（本書では、藤堂明保の学説や字音復元については、特に注記がない場合には『学研　漢和大字典』からの引用である）。

藤堂の研究は、加藤と同様に字音を重視したが、中古音や漢音ではなく上古音を復元したことが特徴である。

以下、上古音について［ ］内に発音を表示するが、研究者によって発音記号の使用法が異なるため、本書は便宜上、近似のアルファベット表記を用いる。例えば子音では、［x］や［ɦ］などは発音が近い［h］とし、同様に［ɣ］は［g］、［ŋ］は［ng］とする。また、息を大きく放出することを表す［ʰ］や［ʻ］は省略した。

母音についても、介音には強さに区別があるが、一律に［i］や［u］で表記する。ただし、主母音の［ɔ］（オに近い）と［ə］（中間的な（曖昧な）発音の母音）については、韻の分類において重要な役割があり、また各研究者が同一の表記を用いているので、この二つに限りそのまま表記する。

藤堂が研究の基礎としたのは、スウェーデンのカールグレン（Kahlgren）という人物の研究である。カールグレンは、中国で発達した伝統的な音韻学だけではなく、西洋の言語学も取り入れて上古音の復元を行った。そのため、個々の字音復元だけではなく、音韻体系についても伝統的な音韻学とは異なる部分が少なくない。

　例えば、伝統的な音韻学では、上古音・中古音ともに、声母は一つの子音として想定されていたが、カールグレンは上古音について、［sn-］［hm-］［kl-］などで始まる二重子音の声母があると考えた（なお［zh-］や［ts-］などはアルファベット表記で二文字になるが一つの子音である）。

　こうしたカールグレンの研究に対し、藤堂はそれを基礎としながらも、その一部について修正を行った。二重の子音についても、藤堂は、カールグレンには字音を足し合わせて上古音を復元するという欠点があることを指摘している。

　例えば、カールグレンは「如」の上古音を［nio］と推定するが、それを声符とする「恕」は中古音では［siuo］である。そこで、カールグレンは両者を足し合わせて「恕」の上古音を［snio］として復元した。しかし、字音は元のものが分化したり簡略化されるだけではなく、近い発音に移行する場合もある。藤堂が指摘したように、［n］と［s］は発声の際の口や舌の形がよく似ているので互いに変化しやすかったのである。

　なお、こうした「足し算方式」の字音復元が危険であることは、カールグレン自身も承知しており、次のように述べている。

　現代ゲルマン諸語のなかの〝石〟に対する単語、ドイツ語〝stein〟、アイスランドの〝steinn〟、スェ《ママ》ーデンの〝sten〟、英語の、《ママ》〝stone〟などをすべて結びつけても、最古のゲルマン語ではそれが“staina-”であったと結論することはできないだろう。この最古の形は、私たちが他の材料から偶然知るようになったものである。(大原信一ほか訳『中国の言語』二九頁)

しかし、方法としては容易であるため、字音の復元が難しい場合には、カールグレンも「足し算方式」を使用してしまったようである。

ただし、藤堂も[kl-]や[pl-]のように[l]の発音を加えた二重子音については存在を否定しなかった。漢語と同じシナ・チベット語族に分類されるタイ語には[l]を含んだ二重子音があり、それを論拠とする(『漢字語源辞典』三二頁)が、これについては伝統的な音韻学とは異なる見解であり、否定的な意見も少なくない([kl-]だけを認める説もある)。

また、上古音や中古音の分類には「陽声《ようせい》」「陰声《いんせい》」「入声《にっしょう》」というものがある。このうち陽声は鼻音で終わる字音であり、末尾が[-m][-n][-ng]のいずれかになる(現代仮名づかいでは[-m]と[-n]は漢音が「ン」、[-ng]は「ウ(長音)」になることが多い)。また入声は無声子音(声帯を使わない子音)で終わる字音であり、末尾が[-p][-t][-k]のいずれかになる(同様に[-p]は「ウ(長音)」、[-t]は「ツ」、[-k]は「ク」か「キ」になることが多い)。

そして、陰声の韻尾については、伝統的に母音で終わると考えられてきたが、カールグレンは上古音復元に際して、その大部分を有声子音(声帯を使う子音)とし、[-r][-d][-g]のいずれかで終わる字音とした。

例えば、「鳥」は伝統的な音韻学に基づく復元では、上古音が［tiəu］や［tiu］とされるが、カールグレンは［tiog］とした。同様に、「飛」は［piuəi］や［piuai］とされるが、カールグレンは［piuər］と復元した。

このように、カールグレンによる陰声の復元は、伝統的な音韻学の認識をかなり大胆に改編するものであったが、藤堂はその考えをさらに進め、母音で終わる字音を完全に排除した。

カールグレンは上古音の韻を三十五部に分類しており、そのうち十四部が陰声であるが、十一部を末尾が有声子音の発音とし、三部は末尾が母音の発音として残した。しかし、藤堂はその三部の存在を否定し、すべての陰声を有声子音で終わるものとして上古音の体系を復元したのである。例えば、カールグレンの上古音復元では「父」が［biuo］、祖の初文の「且」が［tsia］であるが、藤堂はそれぞれ［biuag］と［tsag］とした。

そのほか、伝統的な音韻学では押韻を元に研究していたため、韻が分析の主な対象になっていたが、カールグレンは声母と韻尾の子音を中心にしてグループ化した。このグループは「単語家族《たんごかぞく》（word family）」という概念で説明される（「単語族」と訳されることもある）。こうした考え方は、個別の文字については考証学にも見られるが、カールグレンは漢字全体を体系的な「単語家族」でとらえようとしたのである。

しかし、カールグレンは子音を中心にして分類したため、母音についてはあまり重視しないグループ化がされていた。また［n-］と［l-］のように、遠い発音を同じグループとする欠点もあった。これに対し、藤堂は字音の全体（声母と韻母の両方）を考慮してグループ化を再検討し、二二三の単語家族を設けた。

さらに、藤堂はそれぞれのグループの漢字について、字形や言葉の成り立ちに共通の「イメージ」があると考えた。例えば、単語家族の№1（止［tiəg］、待［dəg］、得［tək］など）は「じっとひと所にとまる」、№33（舟［tiog］、囚［diog］、衆［tiong］など）は「ぐるりと取り巻く」などである。

こうした分析方法は、西洋で発達した言語学を漢字に応用したものであった。文字表記の根源には必ず発音があるという、西洋言語学のある種の「常識」に従ったものであり、藤堂は次のように述べている。

漢字の字形が暗示するのは、たんにそのコトバの語義の影法師だけであって、「語義そのもの」ではない。つまり漢字の字形は、たんに漢語を研究するための、一つのてがかりにすぎないのである。（『漢字語源辞典』一七頁）

これは藤堂だけではなく加藤常賢にも共通することであるが、既存の言葉（字音と字義）を元にして漢字の字形が作られたということから考えをさらに進め、字音こそが字源研究の基盤であるという認識につながったのである。

また、かつては、アルファベットなどが個々の発音を表す「表音文字《ひょうおんもじ》」であるのに対し、漢字は意味（字義）を表すことから「表意文字《ひょういもじ》」と呼ばれていた。しかし、字音を重視したカールグレンや藤堂は、漢字を「表語文字《ひょうごもじ》（word character）」と呼称した。字形は言葉の「影法師」にすぎず、字音こそが字義を表す主体であり、漢字は言葉の表示であるという主張である。

以上が藤堂の研究の概要であるが、加藤常賢の研究に比べて大幅に理論が整えられている。そして、藤堂はその著書である『漢字語源辞典』や『学研　漢和大字典』などにおいて、自己の理論を用いて多くの文字について字源を分析した。さらに、それだけではなく、現在でも多くの漢和辞典で藤堂の学説が採用されている。

しかし、結論を先に言えば、そもそも上古音の復元は現在でも不確かであり、字音に基づく字源研究はその理論を運用できない状況にある。また、藤堂の理論は細部において定義が明確にされていないため、恣意的な解釈が横行しているという欠点もあった。そのほか、漢字の三要素のうち字音を重視しすぎたため、字形や字義が軽視されたという問題もある。

繰り返すが、藤堂の学説は理論的には整えられていたのであり、なぜその理論が字源分析において有効に機能しなかったのかについては、検証する価値が十分にある。そこで、以下は藤堂の研究を中心にして、字音からの字源研究の問題点を述べていきたい。

問題①・上古音の年代

上古音の復元において最も重要な資料は、春秋時代（紀元前八〜前五世紀）の詩を集めた『詩《し》経《きょう》』である。『詩経』は現存最古の漢語詩集であり、音韻を復元できる最古の漢字資料である。

しかも、『詩経』は文章量が豊富であり、多くの文字について韻の関係を復元できる。孔子の言葉として「詩三百、一言以て《いちげんもつ》之《これ》を蔽《おお》わば、曰く『思い邪《よこしま》無し』と」（『論語《ろんご》』為政《いせい》篇）とあり、現存の『詩経』が三百篇あまりなので、孔子が生きていた春秋時代末期には、ほぼ現在の形で集成されていたと推定される。

しかし、逆に言えば、音韻を復元できる最古の資料である『詩経』ですら、春秋時代の発音しか反映していないのである。『詩経』の一部は西周代（紀元前十一〜前八世紀）に作られたと考えられているので、西周代の発音で歌った詩が含まれている可能性も否定はできないが、春秋時代にせよ西周代にせよ、周代のものであることは同じである。また、一部の金文には押韻に近い技法が見られるが、これも西周代以降に限定される。

これに対し、漢字が作られたのは殷代後期（紀元前十三〜前十一世紀）の甲骨文字よりもさらにさかのぼる時代であり、確実には二里岡文化（紀元前十六〜前十四世紀）、推定では紀元前二千年ごろになる（第一章参照）。しかし、殷代やそれ以前の資料からは押韻が発見されておらず、発音を復元することができない。

藤堂が主張する通り、個々の漢字の字形は、それが作られた時代の言葉と関係があるのだろうが、それゆえに、漢字が作られた時代の発音が分からなければ、字音を元にした字源研究は不可

能なのである。

つまり、周代に作られた漢字であれば、上古音からの字源研究もある程度は有効になるかもしれないが、甲骨文字の段階ですでに存在した漢字については、最低でも殷代後期の発音が分からなければ字音からの字源研究はできないのである。

例えば、甲骨文字には「千（〓）」が見られる。これは、字形としては「人（〓）」の異体（〓）と一（一）を重ね合わせた合文であるが、「人」を用いた意味について複数の解釈がある。

藤堂は、「原字は人と同形だが、センということばはニンと縁がない。たぶん人の前進する様から、進・晋《しん》（すすむ）の音をあらわし、その音を借りて一〇〇〇という数詞に当てた仮借字であろう」と解釈する。しかし、甲骨文字や金文には、「人」の形に進むことを意味する用法は見られない。たとえ会意文字であっても、「〓」や「〓」の形を前進の意味として用いることはないのである。

したがって、千（〓）については、人（〓）の発音を直接借りたと考えなければならない。つまり、殷代あるいはそれ以前において、「千」の字形が作られた時代には、「人」と同音か近い発音だったのである。

しかし、千と人は、藤堂の上古音復元では [tsen] と [nien] であり、韻母は同部であるが声母が異なるため、藤堂が想定する「単語家族」では別のグループになる。そして、藤堂は上古音と漢字の成り立ちを直結させて考えたため、「縁がない」と判断せざるを得なかったのである。

時間軸から考えれば、千と人は次のような関係になると推定される。①最初に「千」が作られた時代には「人」と同音か近い発音だったため、その字音を借りて文字が作られた。②その後、「千」の字形が文字として定着した。③周代の上古音までに千と人は発音が分化したが、「千」の字形が定着していたため、そのまま使用が続けられた。

なお、「千」に限らず、漢字は一旦字形が定着すれば、その後の時代に発音が変わっても声符を変えたりしない。例えば、「宣」「垣」「桓」はすべて「亘《せん》」を声符とし、もとは同じか近い発音だったはずであるが、漢音ではそれぞれ「セン」「エン」「カン」と異なっている。現代中国音でも同様に、「xuān」「yuán」「huán」（現代中国の発音表記）と声母に違いがある。しかし歴代の王朝で「宣」「垣」「桓」の字形は使い続けられてきたのであり、発音が声符から離れてしまっても、新しい文字が作られることはなかった。

要するに、漢字とは、作られた段階では字音が考慮されたものであっても、一旦作られた後は、字音よりも字形が重視されたのである。当然であるが、発音が変わるたびに漢字の字形を変えたのでは、大きな混乱を招くことが容易に想像できるのであり、そのような非効率的なことをするはずがない。また、仮に新しい字形を普及させたとしても、古典や過去の記録を読むことができなくなるという問題が発生する。

藤堂の学説の重大な欠点は、周代以降の発音にすぎない「上古音」を万能視したことにあった。後の時代においても、上古音から中古音、さらには近世の発音から現代の発音へと変化したことは常識なのであるから、上古音についても前の時代を受けて変化した可能性を考慮しなかったことが失敗だったと言えるだろう。

なお、ここでは千と人を例として挙げたが、後述するように、殷代の甲骨文字では声符が共通していても、周代の上古音までに字音が分化している文字が少なくない。漢字の歴史は周代よりもはるかに古いのであり、周代の発音である上古音からの字源研究には必然的に限界が生じたのである。

問題②・上古音の復元

上古音から漢字の成り立ちを分析する際の問題としては、復元された字音そのものが不確かであることも挙げられる。

図表14の上から一組目と二組目には、甲骨文字の段階から基本的な語彙であった上・中・下および数字の一から九について、各研究者の上古音復元を掲載した。ここまでに述べたカールグレンと藤堂明保のほか、郭錫良《かくしゃくりょう》『漢字古音手冊』と李《り》珍華《ちんか》・周長楫《しゅうちょうしゅう》『漢字古今音表』からも引用した。清朝考証学以来の伝統的な音韻学は、近代に王力《おうりき》によって大成されており、この両者はその系統の研究書である。なお、王力の成果は『漢語史稿』や『漢語語音史』などにまとめられて

図表14　各研究者の上古音復元

	上	中	下	一	二	三
カールグレン	diang	tiong	ga	iet	niər	səm
藤堂明保	diang	tiong	gag	iet	nier	sam
郭錫良	ziang	tiuəm	gea	iet	niei	səm
李・周	ziang	tiung	gea	iet	niei	səm

	四	五	六	七	八	九
カールグレン	siəd	ngo	liok	tsiet	puat	kiug
藤堂明保	sied	ngag	liok	tsiet	puat	kiog
郭錫良	siet	nga	liəuk	tsiet	pet	kiəu
李・周	siei	nga	liuk	tsiet	pet	kiu

	穴	空	究	穿	突（突）	窃（竊）
カールグレン	giuet	kung	—	tiuan	tuət	tsiat
藤堂明保	huət	kung	kiog	kiuan	duət	tset
郭錫良	giuet	kɔng	kiəu	tiuan	duat	tsiet
李・周	giuet	kɔng	kiu	tiuan	duət	tsiet

※ B. カールグレン "GRAMMATA SERICA RECENSA"、藤堂明保『学研　漢和大字典』、郭錫良『漢字古音手冊』、李珍華・周長楫『漢字古今音表』から引用。カールグレンは「究」を掲載していない。

いるが、上古音について発音記号を附していないため、直接的に利用することが難しい。

四者による復元は、文字によって差異が小さなものもあるが、かなり大きなものもある。一・三・七などは同じか近い発音が想定されているが、逆に中・四・九などは違いが大きい。また、カールグレンとそれを元にした藤堂明保の復元にも違いがあり、同様に王力の研究を受け継いだ郭錫良と李珍華・周長楫の間にも少なからぬ相違がある。

前述のように、藤堂は単語家族を設定し、その字音の「イメージ」から字源を研究しようとした。後で述べるように、字音の「イメージ」からの分析は、その方法自体に信頼性を損なう原因が含まれるが、仮にその分析方法を認めるとしても、発音が異なれば別の「イメージ」になるのであるから、上古音が確定できなければ字音からの字源研究はできないことになる。

また、藤堂を含め、字音の研究者は自説の正しさだけを主張することが多いが、人間の言語の発音体系はさまざまな形態を取りうるのであり、ひとつの体系が成立可能だとしても、それが別の体系を否定する根拠にはならない。つまり、上古音の研究は、自説が成立することだけではなく、他の説が成立できないことも証明するという排他的な形で進めることが必要なのだが、従来の研究にはこの点の説明も欠けていた。

さらに言えば、筆者は前節で「周代に作られた漢字であれば、上古音からの字源研究もある程度は有効になるかもしれない」と述べたが、敢えて「ある程度は有効になるかもしれない」という言い回しにしたのは、周代に作られた文字であっても、現状では上古音の復元が一致していないからである。

図表14の三組目には、「穴」を部首とする文字の復元上古音を挙げた。「穴」は現存の資料では殷代に見られない形なので、それを部首とする文字は、少なくとも字形は周代以降に作られたことが確実視できる。なお、現在の楷書の部首は、そのほとんどが甲骨文字の段階で出現しているので、「穴」は数少ない周代に作られた部首のひとつということになる。

「穴」を部首とする文字については、伝統的な音韻学の系統である郭錫良と李珍華・周長楫の復元はかなり近い。しかし、それとカールグレン・藤堂とでは少なからぬ違いがあり、また、カールグレンと藤堂の間でも見解が異なるものが多い。

理論的には、周代に作られた文字であれば、周代の発音である上古音から成り立ちを考えることが可能である。しかし、現状では上古音が確定していないため、その理論を実際に字源分析に応用することは困難なのである。

問題③・声調の存在と入声の分類

カールグレンや藤堂が復元した上古音は、伝統的な音韻学とは体系そのものが異なっていた。最も大きな違いは、陰声末尾に子音を付加したことであり、特に藤堂は母音で終わる字音を完全に排除した。

そのほかにも、想定する韻母の分類も異なっており、王力は韻母を二十九部に区分したが、カールグレンは三十五部、藤堂明保は三十部とした。

図表15に、王力の分類と藤堂の分類を対比したものを挙げた。上古音は主母音と韻尾によって分類されるが、王力は上古音に「冬部」を認めなかった（中古音のみ認める）のに対し、藤堂はその存在を認め（藤堂は「中部」と呼称）、合計三十部とするが、さらに陰声のうち三部に二種の韻尾を設定したので、事実上三十三部となる。

さらに、藤堂は三十部（三十三部）に対して十一の大きな枠組みがあることを想定した。これは、互いに関連する陰声・入声・陽声をまとめたものであり、ローマ数字の「I」から「XI」で表現される。

また、韻の総数についても、王力は上古音の韻を一五一種としたが、カールグレンは二一八種もの韻に区分し、藤堂に至っては上古音の韻を二三三種（『漢字語源辞典』による）とした。カールグレンや藤堂の上古音復元は、王力よりも韻の部数が多いだけではなく、介音や主母音にも微細な違いがあると想定し、それによって多数の韻が識別されたと考えたのである。

このように、カールグレン・藤堂と伝統的な音韻学には上古音の復元にさまざまな違いがあるが、それをもたらした根源はひとつであるように思われる。それは声調に関しての見解の相違であり、カールグレンや藤堂は上古音の復元に際して声調の存在を想定していないのである。

声調の有無に関して問題になるのは、上古音では入声が陰声と押韻の関係にあったということである。図表15に示したように、近代には入声と陰声が別の部とされたが、清代の考証学者は同一部として分類していた。例えば、陰声の「之部」と入声の「職部」は、清朝考証学ではひとつの部（之部の側）にまとめられていたのである。

これは、伝統的な音韻学では、上古音においては入声が陰声の声調のひとつであったと考えら

図表 15　上古音の分類の違い

	陰声		入声		陽声	
Ⅰ	ə(əg)	之部	ək	〈職部〉	əng	蒸部
Ⅱ	u(og)	幽部	uk(ok)	〈覚部〉	―(ong)	冬部
Ⅲ	o(ɔg)	宵部	ok(ɔk)	〈沃部〉		
Ⅳ	ɔ(ug)	侯部	ɔk(uk)	〈屋部〉	ɔng(ung)	東部
Ⅴ	a(ag)	魚部	ak	〈鐸部〉	ang	陽部
Ⅵ	e(eg)	支部	ek	〈錫部〉	eng	耕部
Ⅶ	ai(ad,ar)	歌部	at	〈月部〉	an	元部
Ⅷ	əi(əd,ər)	微部	ət	〈物部〉	ən	文部
Ⅸ	ei(ed,er)	脂部	et	〈質部〉	en	真部
Ⅹ			əp	緝部	əm	侵部
Ⅺ			ap	葉部	am	談部

※『漢語語音史』34 頁および『漢字語源辞典』875 ～ 887 頁を元に筆者が作成。発音の表記方法もこれに従った。ローマ数字は藤堂の分類。「某部」は王力の分類。王力は冬部を中古音のみとした。〈 〉は清代の考証学では陰声と同一部とされるもの。両者の発音復元が異なる場合は、カッコ内に藤堂のものを挙げた。

れていたためであり、陰声の語尾が詰まったものが入声という認識である。

一方、カールグレンは別の思考方法を採用した。上古音で陰声と入声が押韻したのは、陰声がもともと入声と対応するような子音の韻尾を持っていたためと考えたのである。その元になったのは、中華民国の時代に胡適《こせき》などが唱えた学説であり、陰声は上古音では「古入声《こにつしょう》」であったとするものである。

こうして、カールグレンによって[-g]や[-r]などの有声子音を韻尾とした陰声の復元が行われたのである。さらに、カールグレンの推論は、陰声が子音の韻尾を持っていたから入声と押韻するというものだったが、一部に母音で終わる陰声があると想定したこと（前述のように三十五部のうち三部）は矛盾する。そのため、藤堂によって母音で終わる陰声が完全に否定されるに至ったのである。

なお、藤堂は一九五七年に発表した『中国語音韻論』では、「私は今日のところ上古の声調と韻尾の関係については、一おう不問に附するほかあるまいと思う」（二六一頁）とするが、その後も上古音の声調を復元していない。したがって、藤堂は、上古音には声調が存在しなかったか、あるいは存在したとしても文字の識別には意味がないと考えたのであり、入声は陰声の一部ではなく独立した発音であると結論したことになる。

また、藤堂は、陰声と入声だけではなく、陽声まで含めた枠組み（図表15のⅠ～Ⅺ）を設け、この三種の発音を並列させたが、それも陰声と入声の結びつきが弱いと考えたからである。その論拠とされたのは「対転《たいてん》」と呼ばれる現象であり、同じ声符を持つ文字が陰声・入声・陽声の区分を越えて変化したり、また『詩経』などで陰声と陽声などが押韻したりすることである。

藤堂が『漢字語源辞典』で想定した単語家族にも、陰声と陽声の区分を越えたものが多く、二二三の単語家族のうち約半数の一一二にのぼる。さらに、No.9「たがい違い、よじれる」（[dag][diak][dang]などの上古音）のように、陰声・入声・陽声の三種すべてを含む単語家族も六八を数える（以上、筆者集計）。

一方、中国の音韻学では、上古音にも声調があり、入声を陰声の声調の一種とする考え方が強く残った。なぜならば、『詩経』などで陰声と陽声あるいは入声と陽声の対転が見られることはごく少なく、数の上では圧倒的に陰声と入声の対応が多いからである（比率に大きな違いがあることは藤堂も認めている。『中国語音韻論』二四九～二五四頁など）。

例えば、『説文解字』に注釈を附した段玉裁《だんぎょくさい》は、当初の学説では上古音にも中古音と同じ声調があったとしたが、後に去声《きょしょう》がなかったと訂正し、上古音に三種類の声調を想定した。また、近代音韻学の大家である王力も段玉裁に近い考え方であり、上古音では舒促《じょそく》（語尾が伸びるか詰まるか）と長短によって声調が形成されていたとし、「舒にして長」「舒にして短」「促」の三種の存在を想定した（『漢語史稿』第十一節）。このうち「促」が入声にあたり、後に中古音で入声から去声が派生したという説である。

このように、伝統的な音韻学とカールグレン・藤堂の上古音復元には、声調について見解の相

図表16　上古音復元における体系の相違

1　伝統的な音韻学による上古音の復元例（李珍華・周長楫『漢字古今音表』を元に作成）

		入声	声調
陰声	泥 [niei] 主 [tiuɔ] 抛 [kia]	捏 [niet] 属 [tiuɔk] 潔 [kiat]	あり
陽声	年 [nien] 塚 [tiuɔng] 遣 [kian]	—	

2　藤堂明保による上古音の復元例（『漢字語源辞典』を元に作成）

		声調
陰声	二 [nied] 注 [tiug] 歌 [kar]	なし
入声	日 [niet] 属 [tiuk] 割 [kat]	
陽声	人 [nien] 鐘 [tiung] 干 [kan]	

違があった（図表16参照）。おそらく、これが上古音の体系全体に影響したのであり、まとめると次のようになる。

伝統的な音韻学では上古音にも声調があったと想定し、入声を陰声の声調のひとつとする。ゆえに、①母音で終わる陰声が子音で終わる入声と押韻しても、何の問題もない。②声調で文字や字義の区別ができるので、韻の数は少なくてもよい。

カールグレン・藤堂は声調は無いか重要ではなかったと想定し、入声を独立した発音とする。
ゆえに、①陰声は入声と押韻するので、末尾が入声と同じく子音でなければならない。
②声調で文字や字義の区別ができないので、韻の数は多くなければならない。

人間の身体構造は、言語を司る脳や発声を担う舌や喉《のど》がきわめて発達しているため、さまざまな発音体系を操ることができる。つまり、どちらの学説も発音体系としての決定的な矛盾はなく、一方が成立しうることがもう一方の可能性を排除することにはならない。

しかし、敢えて筆者が受けた印象から述べるならば、母音で終わる字音を完全に否定した藤堂説は、やはり不自然に思われる。なぜならば、すべての字音が子音で終わるということは、裏を返せば、上古音では母音で終わる表現ができなかったことになるからである。

字音と字義は人間が任意に関連づけるものであるから、どのような発音体系でも会話については可能であるが、母音で終わる字音がなければ、擬音や当て字などの表現に大きな制限が加えられることになる。

例えば、古代中国では一つの音節が複数の音節に当て字で分割されることがあった。春秋時代の記録や説話を集めた『春秋左氏伝《しゅんじゅうさしでん》』には、南方の楚《そ》の有力者である闘穀於菟《とうこうおと》という人物が登場し、闘が氏（本姓は羋《び》）、穀於菟が名である。生まれてすぐに棄てられたが、虎が乳を与えて育てたので、楚の地方で乳を意味する「穀」と虎を意味する「於菟」で名付けたという。

この説話自体は全く信憑性がないが、楚の方言の当て字（音訳）として「穀於菟」と表記されたことには違いはない。そして、虎を意味する「於菟」の部分は、藤堂の復元では［ag tag］となる。これでは元の発音が分かりにくいのであり、母音で終わる発音が全くなかったと仮定すると、融通が利かないことになってしまうのである。ちなみに、郭錫良の上古音復元では［a ta］となるので、その通りであれば、元の発音は［at］（月部の声母がないもの）の韻尾を強調したような発音であったと推定される。

また、藤堂が想定した上古音では、韻尾が［-r］［-d］［-g］［-p］［-t］［-k］［-m］［-n］［-ng］の九種類しかなく、このうち過半の五種類（［-d］［-g］［-p］［-t］［-k］）が韻尾で気道を閉じる発音である。このような発音体系では、流暢な会話が難しいのではないだろうか。

次に挙げたのは『論語』の冒頭部分であり「子《し》（孔子）曰《いわ》く、学びて時に之《これ》を習う、亦《ま》た説《よろこ》ばしからずや」という孔子の有名な言葉である。その横に、郭錫良と藤堂明保による上古音復元を併記した（発音はこれまでと同様に近似のアルファベットで表記した）。

	子	曰、	学	而	時	習	之、	不	亦	説	乎。
郭錫良の復元	tsiə	giuat	geuk	nia	ziə	ziəp	tiə	piuə	liak	liuat	ga
藤堂明保の復元	tsiəg	hiuat	hok	niəg	diəg	diəp	tiəg	piuəg	diak	diuat	hag

「子曰」は地の文だから別としても、「学而」以下は孔子が実際に発したとされる言葉である。伝統的な音韻学に基づく郭錫良の上古音復元は、体系が後代の中古音に近いため、あまり違和感なく読むことができる。一方、藤堂の復元は、韻尾で気道を閉じる発音ばかりが出現するため、読んでいくと息が詰まるようである。発声が不可能というほどではないが、少なくとも、どのような理由でこうした不自然な発音体系になったのかという説明が必要だったはずである。

なお、先に述べたように人間の発音体系は多様な可能性を持っているので、不自然であることが不可能であることを意味しない。また、逆に自然であることが必ずしも正解ではない。そのため、現在のところ、どちらが正しいのかを判断する決め手がない状況である。あるいは、両者を折衷したものが正解かもしれないし、今後さらに新しい学説が登場するかもしれない。

いずれにせよ、上古音は発音体系すら確定していないのである。今後、字音から字源研究をするのであれば、まず上古音の発音体系を確定させ、そのうえで個々の漢字の上古音を復元し、さらに殷代の発音が推定できるようになって、ようやく字源の分析が可能になるのである。

問題④・「表語文字」という概念

カールグレンや藤堂は、漢字は言葉（字音と字義）の表示であるとする「表語文字」という概念を提示した。彼らの考え方では、漢字の字形が意味を表す主体ではなく、背後にある言葉が主体であると定義される。藤堂は、字形は言葉の「影法師」にすぎないとまで述べている。

山

登

しかし、本当に漢字は「表語文字」と呼びうるのだろうか。例えば、山の象形である「山（）」は、山脈の形を表現した文字であるが、上古音の［san］という発音は字形のどこにも表示されていない。日本の音読みである「サン（漢音）」や「セン（呉音）」も同様に「」や「山」の字形からは読み取れない。

つまり、「山（）」のような象形文字は、言葉のうち字音が表示されていないのであるから、「表語文字」とは呼べないのである。これは指事文字や会意文字でも同様であり、亦声を含むものを除けば発音の表示はないので、やはり「表語文字」にはなっていない。

カールグレンや藤堂の学説は、なぜ実在する漢字と食い違ったのだろうか。それは、西洋の言語学が対象とするヨーロッパの文字と、東洋で生まれた漢字との間における、性質の食い違いが原因となっているのである。

ヨーロッパでは表音文字が使用されているので、言葉と文字表記が自動的に一致するようになっている。つまり、文字は背後にある言葉を忠実に表しているにすぎないため、言葉が主役となり、文字表記は「影法師」となるのである。

発声されない文字（例えば英語の“base”や“case”の「e」）や、組み合わせによって発音が異なる文字（同様に“nation”の「t」は「sh」の発音になる）もあるが、発音と文字表記の関係が一定していれば、文字から背後にある発音が理解できるので、こうした場合も「表音文字」として機能する。

一方、漢字の場合は、言葉に基づいて字形が作られることは同じだったのだろうが、象形文字や指事文字・会意文字は字音を通して意味を表示するものではなく、字形そのものが意味を表示したため、ヨーロッパの文字との食い違いが生じたのである（図表17参照）。

「登（豋）」のように、意符（癶《はつ》の部分）と声符（豆の部分）で作られる形声文字については、声符が字音を表示するので、作られた段階では「表語文字」と呼びうるかもしれない。また、会意文字などであっても亦声を含む場合には字音の表示と見なせる。

図表17　漢字の成り立ちと字形に表示される要素

	字義	字音
亦声でない象形・指事・会意文字	○	×
形声文字、および亦声を含む文字	○	○
仮借文字	△	○

しかし、先に述べたように、声符が明確な形声文字ですら、後代には容易に発音が変化しており、「亘」を声符とする「宣」「垣」「桓」は、現在ではすべて発音が異なっている。同様に、「也《や》」を声符とする形声文字では、「弛」「施」は漢音で「シ」、「池」「地」は「チ」である（現代中国音では順に「chí」「shī」「chí」「dì」）。

つまり、漢字とは、字音を反映して字形が作られたものであっても、作られた後では字形が主体となって意味を伝達する性質の文字なのであり、そのため字音は個別に変化してしまうのである。

もし漢字が字音と字義を表示する「表語文字」であったとすれば、

発音体系が変化した場合でも、声符が一致している限り字音も斉一的に変化したはずである。しかし、現実にはそうではないのであるから、漢字は表意の要素が強く、表音の要素は補助的にしか機能していないことが明らかである。

なお、字形によって意味を表す象形文字や会意文字などとは逆に、仮借文字は発音の表示だけなのであるから、別の字義に転用された段階では純粋な表音文字だったことになる。しかし、漢字は字形が意味伝達の主体であるため、用法が定着するとやはり字形そのものが意味情報になる（図表17でも字義の表示を「△」にしている）。

このように、字形（視覚情報）を主体として字義（意味情報）が伝達されることが漢字の特徴であるが、これこそが漢字の強みなのである。後代の人々は漢字が作られた時代の発音を知らなかったが、それでも漢字を理解することができた。字形が字義を伝達するため、背景にあった古代の発音を知らなくても漢字の意味を知ることができ、そのため紀元前に作られた古典が二千年以上も読み続けられたのである。

さらに、言語体系がまったく異なる日本においてすら、漢字の普及によって漢文が理解できるようになり、また土着の言葉に合わせた「訓読み」や「書き下し」も可能になった。漢字が東アジアで共通の文字（書き言葉）として機能し続けたことの要因である。

藤堂の研究について言えば、字音からの字源研究という着眼点そのものは、ひとつの見識であったが、字形に比べて従属的な機能しか持たない字音を重視しすぎたことが失敗だったのである。

言い換えれば、藤堂は漢字の字形が持つ表意の能力を過小評価していたということになる。

問題⑤・字音の「イメージ」による分析

藤堂は、その著書である『漢字語源辞典』において、復元した上古音を元に二二三の単語家族を設定し、同じ単語家族に属する漢字には語源《ごげん》（言葉の起源）に共通する「イメージ」があることを想定した。そして、それを元に字源（字形の起源）までも分析しようとしたのである（以下に挙げる単語家族は『漢字語源辞典』の分類である）。なお、研究者によって語句の定義が異なり、語源と字源が重複する概念と見なされることもあるが、本書は「字源」を字形の起源として使用し、「語源」は言葉（字音と字義）の起源を指して用いている。

例えば、藤堂が想定した単語家族の№1には［tiəg］［dəg］［tək］などの上古音が含まれ、「じっとひと所にとまる」というイメージを共有するものとされる。この単語家族には、「止」「得」「歯」などの漢字があり、藤堂はそれぞれの語源を「ひと所にとまる」「じっと手中に持つこと」「上下のハでじっとかみ止める」と解釈した。

このように、単語家族には語源にイメージの共有があるものとして分析したのが藤堂の研究の特徴である。これは、ある程度は日本語にも見られる傾向であり、例えばナ行やヤ行を含む単語は柔らかいイメージであることが多く、逆にカ行やタ行は固いイメージになりやすいように、言葉の発音とイメージが関連しやすいことは事実として認められる。したがって、藤堂の研究方法は、傾向を把握するうえでは妥当なものだったと言える。

しかし、藤堂は字音のイメージと字義を固定的な関係として解釈したため、多くの問題が発生した。

通常、どんな言語でも同音異義が存在するが、字音と字義を明確に対応させることは、その可能性を強く制限することになる。また、広大な王朝では、一般に地域ごとの方言があり、個々の字音にも相違があるのが当然であるが、藤堂はこれも想定していない。

さらに藤堂は、甲骨文字にすでに見られる文字から篆書で初めて作られた文字まで、すべてに対して上古音の単語家族から成り立ちの分析をしたが、この方法は時代的な差異も無視することになる。千年以上にわたって、しかも殷王朝・周王朝・秦王朝の三代にわたって同一の発音とそのイメージが維持されるということが本当にあったのだろうか。

そもそも、藤堂が想定した「イメージ」は、それ自体を表す文字が古い時代には存在しないことが多い。先に挙げた№1「じっと止まる」についても、「止（）」は足（足首）の象形で前進を象徴しており、甲骨文字の段階では「ゆく」の意味にしか使われていない。「止」を「とまる」の意味に用いたのは周代以降の用法である。

また、「得（）」は手の形（）と当時の貴重品であった子安貝の象形である「貝（）」から成る会意文字であるが、甲骨文字では獲得することを意味して用いられている。したがって、字源としては「貴重品を手に入れる」ことから作られた文字なのであり、語源としても「じっと手

中に持つこと」という解釈を支持するような資料は見られない。ちなみに、初文は「得」の旁の部分であるが、甲骨文字にはすでに意符としてイ（）を加えた繁文（）もあり、「遠方へ赴いて獲得する」ことを表したと推定される。

「歯（）」は、口（）の中に歯牙があることを表した象形文字である。初文は旧字体の「齒」の下部にあたり、上部の「止」は後代に追加された声符である。この文字に至っては牽強付会《けんきょうふかい》も甚だしく、「上下のハでじっとかみ止め」てしまっては食物を咀嚼できないのであり、「じっと止まる」というイメージとは全く関連しない。

そのほかにも、No.1「じっと止まる」に属する文字として、『漢字語源辞典』では「台（臺）」「待」「峙」などが挙げられているが、いずれも甲骨文字には存在が確認されていない。

言葉は後天的に学習するものであるから、字音とイメージは無条件には結びつかない。まして、共有する概念を表す文字が無いにもかかわらず、その概念だけを不特定多数が共有するなどということは、教育制度が発達した現代ですら困難である。

このように、藤堂の字源分析にはかなり無理があったのだが、『漢字語源辞典』や『学研 漢和大字典』などの字源解釈は、一見すると整合性があるように感じられる。その理由はなぜなのだろうか。結論を言えば、個々の漢字は字形や字義によって多数のイメージと結びつくからであ

止 

得  

歯（齒）

舟 

り、藤堂はその中から最も自説に近いものを選んだにすぎないのである。

例えば「舟（𠂢）」について、藤堂は上古音を［tiog］と復元し、この字音が№33「ぐるりと取り巻く」のイメージを共有する単語家族に含まれることから、その語源を「周囲を木でとりまいた」ことと解釈した。しかし、舟の形状から言えば、№88「ながい」、№99「長細い」、№19「四角い」にも該当する。「𠂢」の字形から分かるように、殷代の舟は細長い箱形であった。

また、仮に木でとりまく構造が語源であるとしても、№24「かばう・かこう・わく」、№26「外枠を張る」、№107「ワク・ワクでかこう」、№135「角ばった枠」、№138「とりまく・周囲に区切りをつける」などからも選択が可能である。そのほか、舟の動きから見た場合には、川を下れば№32「上から下へくだる」や№203「速く進む」となり、水に浮かべば№37「ゆらゆら・ゆらぐ」であり、水をかぶれば№81「かぶる」となる。

このように、個々の漢字は多数のイメージと結びつくのであり、一義的に決定することができない。したがって、字音から語源や字源を分析するのであれば、関連する多数のイメージの中からどのようにしてそれが選択されたのかを説明することが必要になる。

しかし藤堂は、語源や字源を分析する際に、なぜそのイメージが選ばれたのかを説明していない。結局のところ藤堂の手法は、個々の漢字が連想させるイメージのうち、自説に都合がよいものを選択しただけということになる。こうした方法は、とうてい論理的な分析とは言えない。

繰り返すが、各々の言語ではそれぞれの発音が特定の印象を与えることがあり、またそれが意味と結びつきやすいことは事実なので、傾向を把握するうえでは重要な方法である。しかし、その関係を固定的に解釈したことが藤堂の研究の欠点であった。

問題⑥・語源と字源の違い

前節でも少し触れたが、藤堂が研究の中心にしたのは語源、すなわち言葉の起源の分析であり、それをさらに字形の起源である字源の分析にも用いたのであった。

藤堂は漢字を「表語文字」とする理念から、西洋の言語学のように字音を重視して起源を解釈する傾向が強い。しかし、すでに述べたように、漢字は西洋の表音文字とは異なり、字形が字義を伝達する際の中心的な要素である。一方、字音については従属的な要素であり、漢字の字形上で表示すらされない場合もある。

さらに、漢字にはそもそも字源（字形の起源）と語源（言葉の起源）が一致しないことも少なくない。例えば、「王（王）」という文字は、斧の刃先とする説が有力視されていたが、これに対して藤堂は次のように述べている。

> 王という字は、大の字型に手足を広げた偉人が、天と地とを表わす二線の間に立ったさまで、甲骨文字では王と書く。旺（盛ん）—汪（大きい）—皇（偉大な開祖）と同系の語で、「偉大な巨人」という意味である。オノとは何の関係もない。金文に王という字体がみえるが、

これは甲骨文字のやや変形して装飾的となったもので、オノの形ではない。（『漢語と日本語』二〇九頁）

しかし、「」に含まれる形は、人が大の字型に手足を広げた形である大（）とは一致しない。「」は両手を表す横線が斜めに下がっているのに対し、「」は二番目の横線が一直線に描かれている。

実は、藤堂が述べた字源に近い文字は「立」である。立（）は、大（）と指事記号の横線から成り、大の字に手足を広げた人が地面（横線）の上に立っている様子を表している。甲骨文字や金文では、王が特定の場所に立つことを意味する用法（この場合は繁文が派生字の「位」にあたる）もある。

さらに、甲骨文字の初期では「王」は「」ではなく「」の字形が用いられており、より「立（）」に字形が近いが、それでも甲骨に彫刻された文字には明確な区別がある。図表18に初期と末期の甲骨文字を挙げたが、いずれも「王（・）」と「立（）」は字形上で区別されている。ちなみに、それぞれ「王、中に立（位）せんか」「王、上に立（位）せんか」と読めるが、中（）は原義が旗なので、前者は旗を立てる儀礼とも考えられる（この場合は「王、中を立てんか」となる）。

　なお、藤堂は「王」を金文で変形した形とするが、殷代末期に作られた金文にも「王」の形が見られるので、少なくとも殷代の人々の認識としては武器の刃先と見なしていたと考えられる。より正確に王の字源について言えば、斧の象形でその初文である斤《きん》（）とは形が異なり、鉞《まさかり》の象形である「戌《じゅつ》（）」の上部に近いので、鉞の刃の部分（向きを変えて下が刃先になっている）とするのが正解である。

　藤堂による「王」の解釈は、語源としては矛盾がない。つまり、古くは偉大な人物のことを[hiuang]（藤堂の復元による「王」の上古音）のように呼称していたという点には問題がないので

図表18　甲骨文字の「王」と「立」の字形（右：殷代初期『甲骨文合集』7365「王立中」、左：殷代末期『英国所蔵甲骨集』2564「王立于上」右行）

ある。

しかし、「王」は地位を表す抽象的な概念であるため、字形で直接的に表現することが難しい。そこで、古代中国の人々は、王の持つ軍事力（裁判権とも）を象徴する鉞の刃の形によって「王」という概念を表示したのである。

つまり、王は字源と語源が異なっていたのであり、一方から他方を分析できない文字だったのである。藤堂も後に自説の不備に気づいたのか、『学研　漢和大字典』では「あるいは、下が大きく広がった、おのの形を描いた象形文字ともいう」という一文を付け加えている。

こうした字源と語源が必ずしも一致しないという問題について、藤堂は原理的には理解していたようである。例えば、殷代の神名である「帝（）」は、祖先や自然物を神格化したものではなく、また甲骨文字ではギリシア神話のように擬人的な記述がされていないので、抽象的に表現した字形であることは明らかであり、藤堂も「三本のたれた線を工印でひとまとめに締めたさま……（略）……宇宙の万物をまとめて総括する最高神のこと」と述べている。つまり、「締めること」が「宇宙を総括する最高神」を象徴したというのである。

しかし、藤堂は字音・字形・字義の一致に固執したため、字形を他の文字と対比するような分析をほとんどしておらず、「王」の字源のように誤りも多かったのである。

なお、「立（）」は甲骨文字に百例以上が見られ、「王（・）」については何千例も出現する。藤堂の誤解は、ある程度の甲骨文字に目を通していたならば、あり得ないことである。

した誤りが発生した理由は、そもそも藤堂が文献資料の専門家であり、甲骨文字や金文を専門としていなかったことが原因であろう。

藤堂は字源の分析において、個別の字形と上古音のみを元にしており、甲骨文字や金文の原典を文章として提示していない。甲骨文字や金文が全く読めないわけではなかったようだが、その文章を挙げないということは、字源研究に応用するだけの知識や技術を持っていなかったということである。

藤堂と同じく加藤常賢についても、文献資料から思想や文化を研究するのが専門であり、甲骨文字や金文の専門家ではなかった。加藤の研究には金文を読解したものが若干あるので、藤堂よりは古代文字について詳しかったようだが、やはり甲骨文字は研究の対象ではなく、字源分析をする場合でも単独の字形のみを提示しており、甲骨文字の文章を掲載していない。

加藤や藤堂が多大な努力を払って字源研究を行ったことは、誰しも認めるところである。しかし、最も古い時代の漢字資料（甲骨文字）を研究に利用できない状況で漢字の成り立ちを分析しようとしたのは、今から見れば無謀な試みだったと言わざるを得ない。

なお、王や帝のような文字は、前述のように字形だけしか字源分析に利用できないが、字形からの字源分析は次章で述べる白川静《しらかわしずか》の得意分野であった。「王」の字源が鉞の刃先であることを発見したのも白川の業績である。

また、帝（）の字源についても、藤堂は「三本のたれた線を工印でひとまとめに締めたさ

帝

示

ま」としたが、これでは上部に単線を加えた異体字の「〓」が説明できない。帝の字源は、白川がその著書の『字統』で「祭卓」としたのが妥当であり、帝に類似する字形に神を祭る机の象形である「示（丅）」があり、「示」には机の上に供物を置いた様子を表した異体字の「亍」も見られ、これが帝の異体字の「〓」と対応している。したがって、帝の字源は神を祭る机の一種であり、それを転用して神名を表示したと考えられる。ちなみに、甲骨文字の「示」には供物から滴る血液（供物の酒の滴とも）を加えた異体字（〓）があり、これが楷書の「示」の元になった。

このような抽象的な概念を表示した文字以外にも、別の言葉に既存の字形が流用される場合に字源と語源の相違が発生するので、それについても述べておきたい。

漢字が分化する場合には、大きく分けて二種類ある。そのひとつは、言葉そのものが同源から派生した場合であり、図表19の例では「〓」と「〓」がこれにあたる。

甲骨文字で使者を表す「〓」は、使者が持つ器物（何の器かは諸説あり）を手（〓）で持った形であり、初文は「吏」の部分にあたるが、後に使者から転じて記録官、さらに官吏を意味して用いられたため、原義については人（にんべん）を付した「使」の形が作られた。また「事」も同源の文字であり（「〓」の部分が手の形）、「つとめる・つかえる」の意味として分化した。これらは字形だけではなく言葉としても同源であるため、字音も近く、復元された上古音でも韻が共通している。
同様に、甲骨文字で「終」を意味する「」は紐《ひも》の終端を表し、そこから「おわる」の意味で用いられた文字である。字形としては楷書の「夂」の部分にあたり、後に一年の終わりの「ふゆ」の意味に派生したが、その際に「夂」の下に氷の象形である「冫（にすい）」を加えた「冬」が作られた。また、「おわる」の意味については字源と関連する「糸」を増し加えて「終」の字形になった。現在の漢音では「冬」は「トウ」、「終」は「シュウ」であり、かなり離れているが、これも上古音の段階では字音が近かったと推定されている（図表19参照）。ちなみに、「冬」を声符とする他の形声文字でも、現在の漢音で「疼」は「トウ」、「柊」は「シュウ」となっている。

図表19　分化した漢字とその上古音（藤堂明保『学研　漢和大字典』、郭錫良『漢字古音手冊』による）

	吏	使	事
藤堂明保	liəg	siəg	dziəg
郭錫良	liə	shiə	dziə
	冬	終	
藤堂明保	tong	tiong	
郭錫良	tuəm	tiuəm	
	月	夕	
藤堂明保	ngiuat	diak	
郭錫良	ngiuat	ziak	
	虫	它	
藤堂明保	hiuər	tar	
郭錫良	hiuei	ta	

しかし、文字の分化は、字形と字義がともに同源である派生字だけではなく、別の言葉に既存の字形を当てはめて流用する場合にも見られる。そうした文字は、字源と語源が異なることになるため、発音が遠いものが多く、図表19では「D・D」と「ℓ」がこれにあたる。

月（D・D）は半月の象形であり、殷代にすでに夜間の意味（「夕」にあたる）にも転用されていた。つまり、夜間を象徴するものとして月の形を使用したのであり、月と夕は字形としては同源であるが、語源としては別なのである。図表19のように、推定される上古音でも月［-at］と夕［-ak］は異なる韻に属している。なお、後代には「D」が「夕」となり、一画多い異体字の「D」が「月」になったが、殷代には時期ごとに傾向の違いはあるものの明確な区分はなかった。また、「ℓ」は蛇（毒蛇）の象形であり、初文は「虫《き》」である。ちなみに、新字体の「虫《ちゅう》」は旧字体では「蟲」で表されており、別源の文字である。そして、「蛇」の旁の「它《た》」は蛇の象形から分化し、かつ蛇を意味する文字であるが、「虫《き》」とは大きく発音が異なっており、これも語源が別であると推定される。方言あるいは別の種類の蛇を表す言葉に「虫《き》」と同源の字形を当てたものであろう。

このように、漢字には字源と語源が一致しない文字も多く見られる。その場合には、当然だが字源と語源を別々に分析しなければならないのである。

問題⑦・字義の歴史的変化

前節では、語源と字源の食い違いについて述べたが、本節では歴史的な字義の変化について取り上げる。字音と字形が固定的な関係ではなかったように、字音と字義についても時代によって関係が変化することがある。

例えば、止（[illegible]）は足（足首）の象形であり、前述のように殷代には「ゆく」の意味で用いられたが、後代には全く逆の「とまる」の用法が新たに出現した。「止」は、字音について明確な時代的変化は見られないが、それでも字義が変化したのである。

このことについて、藤堂は次のように述べており、前半は「ゆく」、後半は「とまる」に対して「じっと止まる」というイメージから解釈したものである。

> けだし、→状にある点に向けて直進するものは、動揺やフレがないから、見方によっては一点に定着して注がれているとも言える。足は↓型に一点に停止するが、全身の重さが↓状にその点に向けて注がれているとも考えられる。（『漢字語源辞典』六九頁）

十七世紀にニュートンが発表した「慣性の法則」と似たような発想であるが、古代において、それが理解されていたとは思えない。そもそも、字源や語源について「見方によっては〇〇とも

止  執〈幸〉   室 

言える」という方法を認めていては、解釈の可能性が限りなく広がってしまう。これでは論理的に結論が出せないのであり、学術的な方法とは言えない。

漢字は多義であることが一般的である。日本で最も普及した漢和辞典である『角川　新字源』を引くと、例えば、冒頭にある「一」の意味として、「①ひとつ」から始まって「⑪いったい。なんと」まで十一種類もの字義が掲載されている。本来は「ひとつ」だけを表していた「一」という文字が、時代が下るにつれて様々な意味に派生したのである。

つまり、個々の漢字の字義は、時代が下ると増加するのが当たり前なのであり、原義以外の用法について、字源や語源として無理に解釈する必要はないのである。

ちなみに、「止」のように反対の意味に用いられることは、「反訓《はんくん》」と呼ばれる。例えば、「幸（）」は手かせの象形であり、甲骨文字では人が手かせで捕らえられた様子を表した「執（）」の略体であった。殷代には捕虜や捕獲を意味して用いられたが、後代に「拘束から解放される」という解釈により、反訓で「幸福」の意味になったのである。

藤堂は、前述のように甲骨文字や金文が専門ではなく、その文章を字源研究に応用することがなかった。そのため原義を綿密に調査したり、字義の歴史的な変遷を把握することが困難だったのであろう。さらに、藤堂の学説については、甲骨文字の文章を全く読まなかったと思われるものも少なくない。

例えば、形声文字の「室（）」について、藤堂は声符の「至（）」が発音だけではなく意味の表示も兼ねているとし、「室」を「いちばん奥のいきづまりのへや」と解釈した。しかし、甲骨文字の文章を見ると、「中室（）」や「南室（）」など多様な位置に「室」があり、この解釈に根拠がないことは明らかである。

藤堂の学説は、「室」のように声符を亦声として解釈したものが多く、藤堂自身も自覚するように、かつての「右文説」（第三章参照）に近いものと言える。しかし、根拠もなく字源や語源を一元的に解釈する方法は、右文説を唱えた北宋の王安石らと同じ失敗を招くことになる。藤堂の学説は、一部には正しい解釈もあったが、甲骨文字や金文を文章として研究に利用していないため、全般的にみれば恣意的な解釈が多いのである。

問題⑧・字形の恣意的な解釈

藤堂の学説には、字音や字義だけではなく、字形についても恣意的な解釈が多く見られ、特に「抽象的な記号」と見なしたものに誤りが多い。

藤堂は、『漢字語源辞典』の序説において、「記号」として十七の分類を挙げている。その一部は「林（）」や「並（）」のように同一形を並べたものであり、字源の分析が容易にできるため、大きな問題は少ない。しかしそれ以外については、甲骨文字や金文における用法を無視し、

豕  豕  豭  祖〈且〉  俎《宜》 

自身が唱えた単語家族の「イメージ」に沿って解釈しているため、誤解や曲解が多い。以下は、『漢字語源辞典』の序説からの引用とそれに対する筆者の解説である。

・豖《ちく》の字形を「豕（ぶた）＋丶印」とし、字源を「豚の足を、ひと所にしばった姿」と解釈するが、甲骨文字では豖は「」の字形であり、豚の象形である豕《し》（）の足と短線の部分が離れている。甲骨文字では牡豚の象形（後代に形声文字の豭《か》になった）が「」なので、短線を切り離した「」は去勢された牡豚であると考えられる。

・祖の初文の且（）について、字形を「平面の上に何かをかさねることを表わす」とするが、甲骨文字の字形は俎《まないた》の象形であり、甲骨文字には肉（）を盛った形の俎の初文（）も見られる（俎と同源の文字に宜がある）。

・斧の初文の斤（）について、「左側は切られる物を、右側は切る道具を表わす」とするが、前述のように全体が斧の象形であり、切られる物と切る道具を合わせた文字ではない。甲骨文字では、木を切ることを表す「折（）」や「析（）」などの会意文字にも「斤」の形が斧の意味で使われている。

・「征」の初文の「正」について、字形を「あし＋一印」とし、字源を「示された目標点に向かって、まっすぐに進むこと」と解釈する。しかし、甲骨文字の字形（）は上部が四角形であり、後代に「一」に簡略化されたにすぎない。中国では、新石器時代の末期から集落や都市を方形の城壁で囲む工法が普及しており、実際には都市に攻撃することが字源である。

なお、最後の例では、藤堂は甲骨文字の字形を挙げているにもかかわらず、誤った解釈をしている。藤堂は四角形を「『囗』の原字」としており、都市を表す用法があることに気づかなかったようである。

このような恣意的な解釈を続けた結果、藤堂の研究は古代文字と整合性がないものになってしまった。

藤堂は西洋言語学の理論を重視したが、そもそも「理論」とは具体的な事象に基づいて構築されるものである。そして、西洋言語学はあくまで西洋の言語や文字に対して構築された理論にすぎない。他分野の理論を転用するという方法は、当初は仮説にすぎないのであり、事実と照らし合わせて分析し、応用が可能であることが判明してはじめて理論となるのである。

しかし、藤堂は西洋言語学の「理論」が中国の漢字に対しては「仮説」にすぎないことを理解せず、それを万能視したため、今から見れば破綻した研究になってしまったのである。

斤  折  析  征〈正〉 

殷代の字音復元は可能か

ここまでに述べたように、藤堂明保の研究方法は、一部に妥当な部分も見られるが、西洋言語学の理論を万能視して「イメージ」で字源を分析しようとしたり、甲骨文字や金文の知識が浅かったりしたため、結果として誤解や曲解が多く発生した。

何よりも、藤堂が字源分析の根拠とした「上古音」は、先に述べたように『詩経』などから復元した周代以降の発音である。そのため、殷代後期に作られた甲骨文字の段階ですでに存在した文字については、原理的にも上古音から字源を研究することができなかったのである。

それでは、今後、殷代の発音を復元することは可能になるのだろうか。これについては上古音が確定されることが前提条件となるが、それができれば殷代の発音復元も不可能ではないと筆者は考える。その手がかりになるのは、甲骨文字の段階から声符を共有していた文字であり、図表20にその一部を挙げた。

甲骨文字の段階で声符を共有していた文字は、後代でも発音が近い場合が少なくない。例えば、地面から草が生えてくる様子を表した「生（）」を声符とする文字には、省（）・星の初文（）・牲の初文（）などがある。いずれも図表20のように、周代の上古音でも同じか近い発音であったと推定されており、間違いなく殷代の発音体系が継承されている。なお、このうち「省」の字形は、甲骨文字では目（）と生（）が接着しており、また後代に声符が生から少

に置き換えられた。

また、一人称である「余（）」（字源には諸説あり）を声符とする文字は、現在の漢音では途（）と茶（）が「ト」、艅（）は「ヨ」であるが、これも上古音の段階では近い発音だったと推定されている。なお、「（）」は初文の字形であり、後に「彳」が加えられ、「止（）」と合

図表20　甲骨文字で声符を共有する漢字の上古音復元（藤堂明保『学研　漢和大字典』、郭錫良『漢字古音手冊』による）

	生（）	省（）*	星（）	牲（）
藤堂明保	sieng	sieng	seng	sieng
郭錫良	sheng	sheng	sieng	sheng
	余（）	途（）*	茶（）	艅（）
藤堂明保	diag	dag	dag	diag
郭錫良	lia	da	da	—
	凡（）	風（）*	服（）*	
藤堂明保	biam	pliuəm	biuək	
郭錫良	biuəm	piuəm	biuək	
	至（）	室（）		
藤堂明保	tied	tiet		
郭錫良	tiet	siek		

※「—」は上古音の掲載なし。「*」は本文参照。

凡  風〈鳳〉 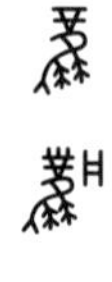 服〈艮〉 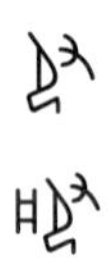

わせて「辶」の部分になった。

しかし、殷代の発音から周代の上古音に至るまでに大きく変化したものもある。殷代には、風は鳳凰《ほうおう》の象形（ ）で表されており、鳳凰が風を司るという信仰から「かぜ」の意味に用いられたと考えられている。さらに、甲骨文字には「凡（ ）」（漢音はハン）を付加した字形（ ）が見られる。凡は容器の一般形（第七章参照）であり、盤の初文の般（ ）などでも使われる形であるが、風と容器には意味上の接点がないので、声符として追加されたことになる。

つまり、殷代には凡と風が同音か近い発音だったのである。しかし、藤堂の上古音復元では凡が［biam］、風が［pliuəm］と差異が大きく、藤堂が想定する分類でも別になる（前掲の図表15ではそれぞれⅪとⅩにあたる）。藤堂はこの点について、「かなり緩い類似音の音符を援用した」（『漢字語源辞典』八二五頁）と解釈するが、実際には殷代と周代の発音の差異だったのである（ただし、郭錫良の上古音復元では［biuəm］と［piuəm］であり、近い発音である）。

なお、「 」は、後に鳳凰の象形が「鳥」になったので、初文は「凡」と「鳥」を合わせた「鳳」の形である。さらに、戦国古文で「鳥」を蛇の象形の「虫」に置き換えた「風」の字形が作られた。

「風」と同様に「凡」を声符とする文字として「服（ ）」がある。これは捕らえられて服従した人を表す文字であり、座った人である卩（）とそれを捕らえる手の形の又（）から成るので、初文は卩と又で「𠬝」となる。甲骨文字にはこれに「凡（）」を加えた字形（）があり、やはり捕虜と容器には意味上の接点がないので、声符として加えられたことになる。字形は、後に西周金文で「凡」が「舟」に変わり、さらに隷書で「月」のような形になった。

したがって、服も殷代には凡や風と同じか近い発音だったことになるが、服の字音はかなり大きく変化しており、上古音では凡や風が韻尾を[-m]とする陽声であるのに対し、服はいずれの復元でも韻尾が[-k]の入声へ変化している。

「至（）」とそれを声符とする「室（）」についても、図表20のように藤堂の復元では陰声から入声への変化となっている。郭錫良の復元ではどちらも入声だが、至が[-et]（質部）、室が[-ek]（錫部）であり、この場合も字音の変化が大きい。

以上のように古代文字のうち一部の字音を抽出したが、ここから何が言えるだろうか。まず明らかなことは、殷代と周代の間には字音の相違も見られるが、一方で字音を継承している文字も多く、別の言語というほど大きな違いではないことである。したがって、殷代の発音と上古音には言語的な断絶はなく、地域ごとの方言もしくは時代的な変化として分析できるのである。

なお、かつて殷周の王朝交代を異民族による征服とする説があった。何をもって「民族」とするかには様々な分類方法があるが、現在では言語的な差異から判断されることが多い。これに基づいて言えば、殷と周は言語的に類似しており、せいぜい「方言」（言語の内部分類）という程度の違いなので、異民族による征服ではなく、同一民族内部の集団による相克と考えられる。

ちなみに、周の地方は早くから殷王朝と交渉を持っていたようであり、考古学的な研究から、少なくとも殷代中期（紀元前十四～前十三世紀）には殷王朝の「文化的辺境」に位置していたことが判明している。また甲骨文字の記述によれば、当初（紀元前一二〇〇年ごろ）は殷王朝に反抗していたが、それ以降は殷末期に反旗を翻すまで、周は殷に服従していた。

一方、上古音の押韻と図表20の字音を比較すると、上古音では陰声と入声が押韻しており、「至」と「室」はこれに対応するが、「凡」を声符とする文字では、甲骨文字から上古音までに陽声と入声に変化している。

殷代の声符がどの程度の違いまで許容されていたのか分からないので、確実なことは言えないが、上古音では陽声と入声が強く区分されていたので、殷代の発音は上古音とは体系が若干異なっていたという推定が可能である。ただし、図表20で見ても、陰声と陽声は区分されているので、両者を同一の枠組みに収める藤堂説とも異なる。

つまり、陰声と陽声の区別は強いが、入声と陰声・陽声の区別は弱いのであるから、図表21の「仮説1」のような発音体系がひとつの可能性として考えられる。

この仮説は、カールグレンや藤堂の学説よりも伝統的な音韻学の上古音復元に近く（図表16参照）、陰声と陽声には明確な区分があり、また声調が存在したという想定である。ただし、伝統的な音韻学による上古音復元との相違として、声調のひとつである入声（語尾が詰まる発音）が陽声側にも存在したとするものである。

さらに、陽声が詰まったものは陰声が詰まったものと別の発音だった可能性もあり、そこでカールグレンや藤堂による陰声の復元をその部分に流用すると「仮説2」が得られる。この仮説は、陰声と陽声の区分をより明瞭にしたものであり、さらに[-r]について、[-p]を有声音にした[-b]に変えることで、陰声と陽声を対称な形にした。もっとも、古い時代には語彙も少なかったはずなので、韻の種類が多くなることはかえって不自然かもしれない。

いずれの仮説も、陽声の入声が別の発音に吸収されたとすれば、伝統的な音韻学による上古音の体系（図表16参照）に接続する。ただし、これらの仮説は、今のところは「思いつき」という

図表21　殷代の発音体系の復元仮説（＊は本文参照）

仮説1

		入声	声調
陰声	[-a] [-ə] [-ei] など	[-ap] [-ək] [-et] など	あり
陽声	[-am] [-əng] [-en] など		

仮説2

		入声	声調
陰声	[-a] [-ə] [-ei] など	[-ap] [-ək] [-et] など	あり
陽声	[-am] [-əng] [-en] など	[-ab]* [-əg] [-ed] など	

程度のものでしかなく、学術的に論じられるものではない。殷代の発音については、上古音が正確に復元され、そのうえではじめて検証が可能になるものである。

第五章

字形からの字源研究

白川静の研究

加藤常賢や藤堂明保は字音を中心にして字源研究を行ったが、それとは対照的に、白川静は主に字形から字源を分析した。白川は、年齢では藤堂よりも上であるが、当初は文学や史学の分野で研究を行っており、本格的に字源研究を始めたのは最も遅く、五十歳を過ぎてからのことであった。

白川は、『説文新義《せつもんしんぎ》』や『金文通釈《きんぶんつうしゃく》』などの研究書のほか、『漢字百話』や『中国古代の文化』などの一般向け解説書においても字源について述べており、それを集大成したものが一九八四年に発表した『字統』である。

その後も白川は研究活動を続け、八十六歳で大部の漢字辞典である『字通《じつう》』を出版した。そして、最後の著作である『殷文札記《いんぶんさつき》』を公刊したのは実に九十六歳のことであった。

字源研究とは、漢字の字形がどのようにして作られたのかという研究である。そのため、字形そのものを中心にした白川の研究方法は、加藤や藤堂が明らかにできなかった部分であっても、分析することを可能にした。

また白川は、文献資料だけではなく、甲骨文字や金文も専門としていた。白川の代表的な論文集である『甲骨金文学論叢』は、半世紀以上も前に発表されたものであるが、今でも検証する価値のある論文が少なくない。白川は、字源研究の開始こそ加藤や藤堂よりも遅かったが、前もって古代文字の原典を深く理解していたため、結果として加藤や藤堂よりも原初の漢字についての知識を豊富に持つことができたのである。

　さらに、白川の字形分析は、甲骨文字や金文を利用するだけではなく、会意文字における組み合わせに注目したことが特徴である。例えば、師の初文である「𠂤《たい》」について、『説文』は丘を表す阜《ふ》（偏としては阝（こざとへん）にあたり古くは「𠂤」の形）に近いことから、字源を「小阜なり」とした。また、加藤や藤堂は甲骨文字の𠂤（）の字形を元に、それぞれ「臀尻のむっくりと高起した形、即ち臀尻の形」、「堆積物や集団」と解釈した。

　いずれも「𠂤」や「」の形だけからの解釈であるが、これに対し、白川は「」が使われている会意文字を参照することで旧説の誤りを明らかにした。例えば、「遣」の初文の「𦣻（）」は、甲骨文字では祭祀名として用いられており、両手で「」を捧げる様子を表している。つまり、人が手で持つものであるから、「小阜」や「臀尻」などではあり得ないのである。なお、白川は「𠂤」を祭祀で捧げる肉と考えたが、この点については後で検討する。

　そのほか、積極的に古代文明の儀式や風習として字源を解釈したことも白川の研究の特色である。例えば「𠙵」について、それまでは口（くち）の意味しか知られなかったが、白川は甲骨文字で祭祀儀礼を表す文字を元にして、祭器を意味する𠙵（さい）の用法があることを発見した。

師〈𠂤〉 　遣〈𦣻〉 　口・𠙵 　魯 

魯《ろ》（）は、上部が魚（）であることは明らかだが、後代に下部が「白」や「曰《えつ》」の形になったため、『説文』は「鈍詞《どんし》（発音が鈍いこと）なり。白に従い鮺《さ》の省声」とし、藤堂も「言行が魚のように大まかで間ぬけであること」としていた。しかし、甲骨文字では祭祀名として使用されており、しかも下部は「𠙵」の形である。したがって、この文字の字源は祭器と魚から成り、白川が「魚は祭祀に供するもの」であり「神に祈り祭ることを示す字」（『字統』九四六頁）と述べたのが正しいことになる（「にぶい」は仮借か引伸義である）。

漢字は中国の古代文明で作られたものであるから、文字の背後にあった当時の文化を探ることは、字源研究のうえで重要なことである。白川の手法は、漢字の字源について、それまでの研究で見落とされがちだった文化や思想の面からも分析したものであった。

このように、白川は字源研究で大きな成果を挙げたのだが、全く問題がなかったわけではない。むしろ、字音からの字源研究とはまた別の課題が多く残ることになった。特に大きな問題は、呪術儀礼を重視しすぎたことである。白川は字形からの字源分析法を確立した人物といっても過言ではないが、その白川自身が、字形からの分析よりも呪術儀礼としての解釈を重視して字源研究を行ってしまったのである。

そのほかにも、白川が字源研究をほぼ完了した一九八〇年代以降、中国を中心にして甲骨文字や金文などの資料整理が進められており、それを元に検証することでも、白川による字形の解釈や時代関係の分析に不備があったことが判明する。

本章では、白川静の研究を中心にして字形からの字源研究の問題点について述べていく。以下、白川の学説について引用した場合は、特に注記がない限り『字統』からの引用である。なお、白川の著書には初版や再版のほか『白川静著作集』に収録されたものなどがあるが、特に注記がない限り最も新しい版からの引用である（本書末尾の参考文献を参照。『字統』も二〇〇四年修訂版を使用した）。

問題①・漢字の成立年代

甲骨文字は、まとまった数量があるものとしては現存最古の漢字資料である。甲骨文字が作られたのは殷代後期（紀元前十三～前十一世紀）であり、そこには当時の呪術儀礼が多数記載されている。そのため、白川は多くの漢字について、呪術儀礼を元にしているものとして字源を解釈したのである。白川は、漢字の成立時期を次のように述べている。

・じっさいに文字があらわれるのは殷王朝の後期、ほぼ前十四世紀に入ってからのことである（『漢字百話』一五頁）

・前十四世紀後半の殷の武丁期に至って、はじめて甲骨文があらわれる。武丁期よりやや先立つらしい時期の甲骨文もいくらか見出せるが、文字として未成熟なところがある（同三五頁）

・漢字ができましたのはいまから三千数百年前、おおざっぱに申しますと、殷周《いんしゅう》の革命を仮に紀元前一一〇〇年と致しまして、それよりほぼ三百年ほど遡るとお考え頂きましたら、よろしいかと思うのであります（『文字逍遥《もじしょうよう》』二四三頁）

白川は明言していないようだが、その理論を要約すると、「①漢字は殷代後期に作られた、②殷代後期には呪術儀礼が盛行した、③ゆえに多くの漢字は呪術儀礼を元にしている」ということになるだろう。白川が字源研究を始めた当初は、甲骨文字以前に漢字があったことを示す資料はほとんどなく、この見解が覆されることはなかった。しかし、その後、続々と新しい事実が判明していったのである。

まず、白川は殷代後期の甲骨文字の出現時期を「前十四世紀」とするが、現在の研究では紀元前十三世紀と考えられている。また、白川が述べる「武丁期よりやや先立つらしい時期の甲骨文」は、現在では殷墟《いんきょ》遺跡（殷代後期の都）出土の甲骨文字にはその存在が否定されている。

白川の年代観について、文献資料では盤庚《ばんこう》という王が殷代後期の都へ遷都したことになっているため、かつては武丁《ぶてい》より前の甲骨文字も殷墟遺跡に存在すると考えられていた。しかし実際には、盤庚による遷都は後代の創作であり、遷都は武丁期に行われ、それ以降が殷代後期だったのである（図表22参照。小乙《しょういつ》以前は「殷代中期」になる）。

そして、第一章で述べたように、二里頭《にりとう》文化（紀元前二十〜前十六世紀）においてすでに王朝が存在したことが明らかになり、また、殷代前期（二里岡文化。紀元前十六〜十四世紀）の都であった鄭州《ていしゅう》遺跡からは、ごく僅かであるが文字が発見された。

つまり、漢字は、甲骨文字よりも前に少なくとも数百年の歴史があったのである。甲骨文字には仰韶《ぎょうしょう》文化（紀元前五千〜前二千五百年ごろ）の陶文《とうぶん》とよく似た形もある（第一章参照）ので、字形の歴史はさらに長いという可能性もある。要するに、前述の白川の理論は、「①」の部分が破綻したのである。

中国では、一九六〇年代後半に文化大革命が発生すると考古学の研究や資料整理が停滞したが、それが収束した後に発掘や調査が進み、また日本にも多くの資料が紹介された。

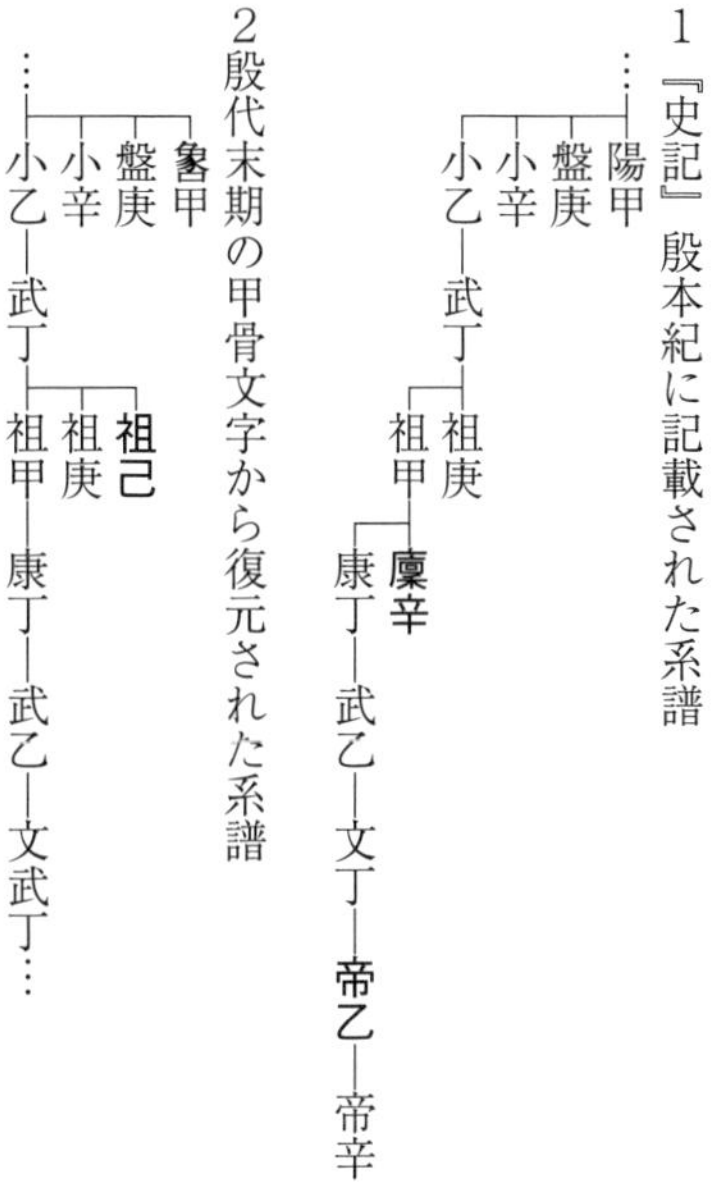

図表22　殷王朝の系譜（後半部分。太字は文献資料と甲骨文字で存在自体が食い違う王名）

したがって、白川が当初、甲骨文字そのものが漢字の起源にあたると考えたのは無理もないことだったとしても、考古学情報が更新されてからは研究の見直しが必要だったのである。しかし、白川はそれをせず、一九六〇年代前半（字源研究を始めたころ）の知識をほとんど改めないまま、研究を継続していたのである。白川は、二〇〇一年に行われた梅原猛《うめはらたけし》との対談でも、青銅器の出現時期について次のように述べている。

白川「殷の中期。」梅原「殷の中期ですか。文字を作ったのと青銅器を作ったのと、時代的にはどうなりますか？　夏にも青銅器があったという説があるんですが、どうですか。」白川「文字よりも青銅器の方が早いです。夏のものだという主張の青銅器もありますけれどもね、確かではありません。」梅原「そうですか。」白川「やっぱり鄭州のものがいちばん古いと思う。あれ以前の古い形のものはちょっと考えにくいですね。」（『呪の思想』六四頁。「夏」は伝説上の王朝）

白川は、二里岡文化の鄭州遺跡を殷代中期の都とみなすが、現在では殷代前期とするのが一般的な見解である。さらに、二里岡文化より早い二里頭文化において、すでに多くの青銅器が製造されており、これは一九九〇年代には広く知られていたことであったが、白川は二〇〇一年になってもその事実を認識していなかったのである。また、文字についても、鄭州遺跡から少数の甲骨文字が発見されていることを知らず、一九九三年に発見された竜山文化の「丁公文字《ていこうもじ》」（第一章参照）にも言及がない。

白川の字源研究は、一見すると整合性があるような記述になっている。しかし、これは新しい情報を取り入れず、自分の頭の中にある知識だけで理論を構築したためであり、新しい情報と比較すると矛盾が露呈するのである。

ちなみに、白川は考古学遺物を理解できなかったわけではない。前掲の引用文の後には、鄭州（殷代前期の都）と安陽《あんよう》（殷代後期の都）の青銅器が器形的につながらないと述べており、実際に、「殷代中期」が存在したことが一九九〇年代までに明らかにされている。したがって、白川の考古学に対する誤解は、理解の不足ではなく、当初の知識のみで研究を続けたことが原因であり、必然的に新しい情報と齟齬《そご》をきたしたのである。

さらに言えば、甲骨文字は五期に時代区分されるが、最も早い「第一期」において、すでに文字としての体系が整っており、この段階で象形・指事・会意・形声のすべてが出現している。甲骨文字の部首についても、研究者によってその分類方法は異なるが、いずれの方法でもすべての部首が第一期の段階で出揃っている。

こうしたことから考えれば、仮に資料がない状態でも、漢字が甲骨文字よりもはるか以前から存在したという可能性を考慮すべきだったはずである。

漢字は、古代文明の長い歴史を通して作られてきたのであるから、その成り立ちの時代を一元的に考えることはできないのであり、個別に分析することが必要である。加藤や藤堂が字音にこだわりすぎたように、白川は、字源分析において殷代後期の呪術儀礼という基準を強く持ちすぎたことが最大の失敗であった。

問題②・存在が確認できない呪術儀礼

前述のように、白川は多くの文字の字源を呪術儀礼として解釈した。正確な数字は分からないが、甲骨文字や西周金文で出現する漢字について、おそらく三分の二ほどを呪術儀礼や原始信仰と結びつけていると思われる。

甲骨文字には呪術儀礼が多く記されており、実際にそれを起源とする文字も多い。例えば、祭祀名の芸（藝）は、初文が「埶（）」（厳密には「埶」の部分）であり、祭祀において座った人が植物を植える姿を表している。後に意符として「土」のほか草を植える意味（または切る意味）を表す「芸《うん》」（云《うん》が声符）という文字が分割して加えられて「藝」の形になった。さらに新字体は、追加された「芸」だけを残した略体を用いており、元の形が完全に失われている。

また、燎（）は組んだ薪を燃やす様子を表しており、小点の部分は火の粉である。この文字は、甲骨文字では生けにえを焼き殺す儀礼の意味で用いられている。甲骨文字には下部に火（）の略体を加えた字形（）があり、これが「尞」の部分にあたり、後に意符としてさらに火が増し加えられた。

このように、殷代に盛行した呪術儀礼を反映して、漢字にはそれを起源とするものが少なくないのであり、白川の考え方がひとつの見識であったことは事実である。しかし、前述のように、漢字は長い歴史を通して作られてきたのであり、王朝による呪術儀礼が盛行する前に作られた文字は、原始的な生活を反映していることが多いと推定される。逆に、周代以降には呪術的な思想が衰退しているため、殷滅亡後に作られた文字も呪術儀礼を反映したものは少ないことになる。

さらに、殷代においても、王朝が呪術だけで維持されていたわけではなく、軍事・税収・社会組織など、物質的な支配機構も必要であった。そのため、殷代に作られた文字ですらも、無前提に呪術として解釈することはできないのである。

例えば、白川は大（）と火（）から成る「赤（）」について、「火によって人の穢《けが》れを祓《はら》う古儀があったものかと思われる。おそらくこの修祓《しゅうふつ》によって、その罪科は赦免《しゃめん》されるのであろう」と解釈する。

しかし、甲骨文字や金文では「赤（）」に人の穢れを祓う儀礼としての用例はなく、すべて家畜や賜与物などの色の表示として使われており、この説には資料的根拠がない。白川は、「赦」に「赤」が含まれていることから「赦免」を連想したようであるが、上古音の段階では「赤」と「赦」は発音が近かったと推定されており、声符として使われたにすぎない。また、「赦」は初め

芸〈藝〉〈埶〉 　燎〈尞〉  　赤 　雀 

て出現するのが東周代であり、この点からも「古儀」と関連させることはできない。

ちなみに、会意文字には、各部分が修飾・被修飾の関係になるものがある。例えば、雀（）もは小（）と鳥の象形の隹（）から成り、「小さな鳥」の意味である。したがって、赤（）も「大（）」きな「火（）」であり、それが赤々と燃えていることから作られた会意文字と考えるのが妥当である。

また、白川は生（）と目（）を重ね合わせた「省（）」について、「生」の部分を「眉《まゆ》の上に加えた呪飾《じゅしょく》」と解釈し、「外地に赴くとき、眉飾を加えてその呪力を示す」ものとした。そのほか、目（）と直線から成る直（）やその繁文の徳（）も同様の字源としている（徳の初文は「心」がない「徝《とく》」の形）。

しかし、甲骨文字では、「省」のほか「直」や「徳」は支配下にある土地や財物を視察する意味で使われており、また「呪力」を用いた記述は全くない。つまり、「外地に赴」いて「呪力を示す」という解釈は何ら根拠がない憶測なのである。前述のように「省」に含まれる「生」は声符であり、また、「直」の上部の直線は真っ直ぐ見ることを表す指事記号と考えられる。

そもそも、白川は殷代において「呪力」がどのように認識されていたのかを明確にしていない。例えば、甲骨文字に記された「貞う、王、往きて牛を省せんか」（占った、王は行って牛を省するのがよいか。『甲骨文合集』一一一七五など）のような場合に、王はどのようにして家畜に対して「省」の呪力を発揮したのかを説明していないのである。解釈の前提となるものが定義されていなければ、それは論理的に成り立たない主張となる。

また、「去」の字源についても、白川は次のように呪術儀礼を字源として説明している。

会意　大と凵《きょ》とに従う。大は手足を広げて立つ人の正面形、凵は蓋《ふた》を外した盟誓の器。神判《しんぱん》で敗れたものは、神判に当たって盟誓した自己詛盟《そめい》に偽りがあるわけであるから、その盟誓を収める器である𠙵《さい》の蓋を外して凵とし、その人とともにこれを棄去する。……（略）……わが国の〔大祓詞《おおはらえのことば》〕にいう汚穢を水に流すことと、祛うという観念において、共通する罪悪観である。廃棄の意より、場所的にその場を去る意となり、時間的には過去に隔たる意となる。故郷を棄てることを、大去という。（『字統』一八七頁）

まず字形から言えば、甲骨文字や金文では下部を「𠙵《さい》（𠙵）」にした「」の形が使われており、「凵《きょ》」にはなっていない。そのため、字形の成り立ちとして「𠙵《さい》の蓋を外して凵とし」とは解釈できないことになる。

また字義から見ても、「去」は甲骨文字では地方に行くことを意味して用いられており、白川が述べたような呪術儀礼としては記されていない。白川が引伸義とした「場所的にその場を去る

省 　直 　徳〔德〕〈徝〉　去 

意」が最も古い用法なのである。したがって、「去（𠙴）」は器物の形である凵を踏み越えるさまであり、そこから遠方に行く意味を表したとするのが妥当であろう。

　そもそも、白川は厳しい罰則を含む「神判」の存在を想定し、自己詛盟を「神に対するうけひ」（『漢字百話』四九頁）とするが、甲骨文字や金文にはそうした風習は全く記録されていない。もしかすると、新石器時代など古い時代には原始的な神判が行われていたかもしれないが、それが「去（𠙴）」の字形に反映されていることの証拠は存在しないのである。

「去」に関連して、白川は、「法」の古い字形である「灋」に獣の象形である「廌《たい》」と「去」および「水」が含まれることから、廌を用いた神判があり、その敗者が川に棄去されたと解釈した。しかし、白川自身が述べるように、「灋」が初めて出現する西周金文では廃棄の意味で使われることが多い。したがって、現状の資料から言えば、「ゆく（去）」の意味を用いて「すてる（灋）」の文字が作られ、それが引伸義または仮借の用法によって「のっとる（法）」の意味になったとするのが妥当である。

　さらに、白川は「汚穢《おわい》を水に流す」とし、日本と同じような観念の存在を想定するが、甲骨文字では、王自身やその身近な人物の死や病気、あるいは祟りなどは占卜の対象になっているものの、人間社会全体が共有する「ケガレ」のような概念は見られない。

　白川は、『万葉集』や『古事記』なども研究しており、それによって古代における日本と中国の文化的共通点を見いだそうとしたのであるが、文明や社会の状況が違えば思想も異なるはずである。血液や死をケガレとした日本と、定期的に家畜や人間を犠牲にしていた中国では、忌避する対象が同じだったとは考えられない。白川の解釈には、古代中国における汚穢とは何かという説明も欠けているのである。

このように、白川による字源の分析には、古代文字に確認できない呪術儀礼や原始信仰として解釈するものが多い。古い研究にはよく見られることであるが、理念が分析に先立ってしまった例のひとつである。

問題③・古代文明の合理性

白川は、多くの文字を呪術儀礼として解釈したが、前述のように古代文字資料には存在が確認できないものが少なくなかった。さらに、一部にはきわめて非合理的な解釈をした文字も見られ、例えば「望」について次のように説明している。

形声　声符は亡《ぼう》。卜文は、大きな目をあげ、挺立《ていりつ》して遠くを望み見る人の形である𡈼《ぼう》で、象形。…（略）…遠く望むことによってその妖祥《ようしょう》を察し、またその眼の呪力《じゅりょく》によって敵に圧服を加える呪儀を望という。卜辞に「媚人《びじん》三千をして、苦方《くほう》を望ましむること勿《なか》らんか」とは、眉飾《びしょく》を加えた巫女《ふじょ》三千人をして、山西北方の異族である苦方を、一斉に望視する呪儀を行なうことをトするもので、戦争のときには、このような呪儀が、さかんに行なわれたのであっ

望〈朢〉  臣  壬 

た。また戦陣の陣頭にも、このような媚女の一隊がいて、種々の呪儀を行なうので、戦いに敗れると、これらの巫女は、その呪力を封ずるためにまず殺される。…（略）…（『字統』八二九〜八三〇頁）

このうち、冒頭部分は字形の成り立ちを説明しており、ほぼ正しい解釈である。望（）は、初文が臣と壬《てい》から成り、臣（）は目（）の向きを変えた形、壬（）は人（）が土盛り（）の上に乗っている形であり、両者を合わせて遠くを望む様子を表している。後に望み見る対象として「月」が加えられ、また臣が声符の「亡」に置換されて楷書の形になった。ただし、白川は初文の「朢」を「象形」とするが、実際には会意文字である。

白川の説明のうち、後半部分では「望」を呪術儀礼として解釈しているが、前述のように「眼の呪力」という概念は甲骨文字には存在が確認できない。また、「望」という行為によって「敵に圧服を加え」たとする記述もない。

同時に、異族に対して「眼の呪力」という精神的な圧力を加えたとなれば、異族もその信仰を理解していなければならない。しかし、甲骨文字には異族の側が「眼の呪力」を用いたという記述もない。

また、殷代には王が動員できる人数も少なかった。前漢王朝（紀元前二〇二～後八年）の時代に著された『史記《しき》』の殷本紀《いんほんぎ》という篇には、殷の最後の王である帝辛《ていしん》（紂王《ちゅうおう》）は、周の武王《ぶおう》が攻めてくることを聞き、「兵七十万人」を徴発して防ごうとしたと記されているが、これは後代に作られた説話である。殷代に作られた甲骨文字には、軍隊の徴兵人数を記したものが見られるが、そこでは三千人が一般的であり、多い場合でも五千人、最大でも一万人であった。

つまり、白川の解釈では、男性からの徴兵人数が三千人の時代に、三千人もの巫女を用意したということになる。いったいどれだけの宗教施設が殷代にあったと考えたのだろうか。

どのような時代であっても、社会を維持するには一定の合理性が必要である。たとえ呪術儀礼であったとしても、人間社会としての合理性を無視した解釈はできない。現在では、殷代の祭祀は単なる迷信ではなく、社会的な意義があったというのが一般的な見解である。

図表23　家畜の祭祀犠牲（『小屯南地甲骨』503。右行）

侑〈又〉　卯

例えば、殷の王は祭祀において多数の家畜を犠牲（生けにえ）にしていたが、そこにも合理性が存在した。図表23は、殷王が主宰した祭祀の一例である。

癸《き》巳《し》卜《ぼくス》、侑《ゆうシ》二于父《ふ》丁《ていニ》犬《けん》百《ひやく》・羊《よう》百《ひやくヲ》一、卯《ぼうセンカ》二十牛《じゆうぎゆうヲ》一。

癸巳の日にトした。父丁に百頭の犬と百頭の羊を侑（祭祀犠牲にすること）し、十頭の牛を卯（裂き殺すこと）するのがよいか。

侑は、初文が「又（）」であり、仮借の用法で祭祀の汎称として用いられた。また、「卯（）」は十二支としても使用されるが、字源は祭祀で犠牲を切り裂いた様子である。ちなみに、中国甲骨文字に見られる家畜の犠牲には牛・羊・豚・犬が多く、犬には番犬の役割もあったが、中国では食用にもされていた。

この文章では、神格化された先代の王である父丁（武丁を指す）に対し、合計二百十頭の家畜を祭祀犠牲にすることが占われている。しかし、神に犠牲を捧げても、現実には直接的な祐助は得られない。そのため、こうした祭祀を現代から見ると、無駄な行為であったように思われるかもしれない。

しかし、当時は王が宗教的権威を持ち、それを通して支配体制を構築していたので、大規模な祭祀は必ずしも無駄ではなく、人々を精神面から支配する効果があった。

さらに、家畜を生けにえとして用いることにより、王が持つ経済的な権力も誇示することができた。特に牛は生産効率が低く、また広大な牧場を必要とするため、最も高級な家畜であった。多くの牛を祭祀犠牲として用いることには、王の支配権を強める意味があり、「付加価値をもつウシを惜しげもなく消費することは、下位の貴族や庶民たちとの格差をいっそうきわだたせることになった」（岡村秀典『中国文明　農業と礼制の考古学』二五五頁）と考えられている。

また、甲骨文字に記された大量の犠牲の数に比べて、当時の都（殷墟遺跡）から発見された動物の骨はあまり多くない。おそらく、犠牲にされた家畜の肉は、その大部分が祭祀の参加者に分

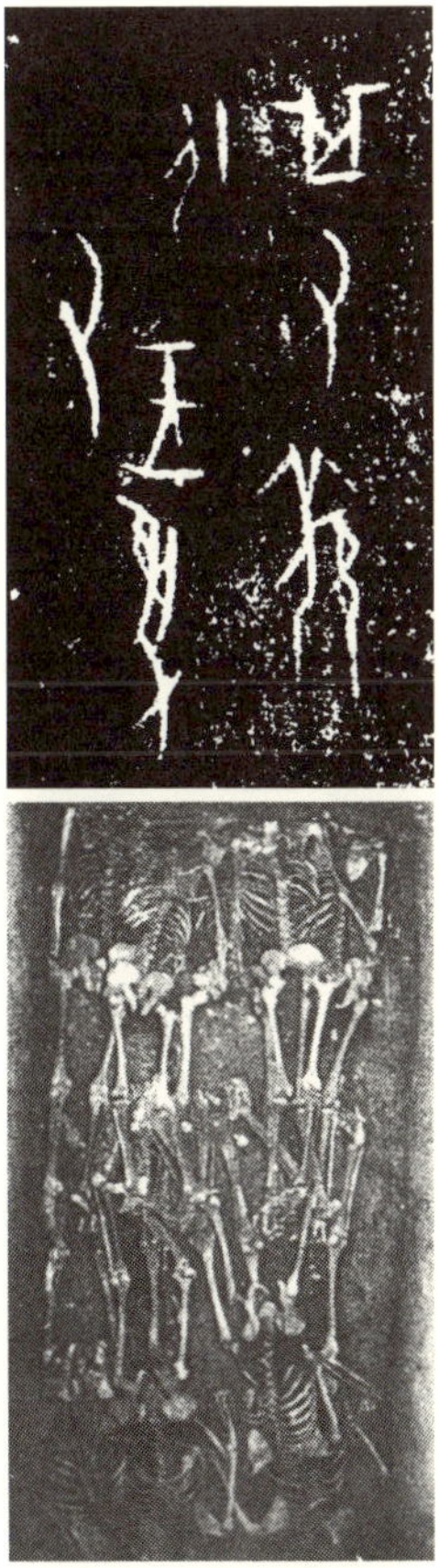

図表24　人間の祭祀犠牲（上：『甲骨文合集』26916、下：『殷墟的発現与研究』から引用）

羌  祐〈又〉 

配されたのであろう。つまり、王に服従して祭祀に参加した側も、家畜の肉という物質的な利益が得られたのであり、祭祀は王と臣下のつながりを強める役割も持っていたことになる。

このように、殷代の呪術儀礼にも一定の合理性が存在した。当時の祭祀は、現代から見れば非科学的なものであるが、しかし、社会的には必要とされていた儀式だったのである。

また、殷代には、人間であっても神への供物にされており、図表24にその一例を挙げた。ここにも当時の社会の合理性を見ることができる。

其《そ》レ侑《ゆう》スル二羌《きょう》十人《じゅうにん》ヲ一、王《おう》受《う》クルカレ祐《ゆう》ヲ。

十人の羌を侑するが、王は〔神の〕祐けを得られるか。

「」が二箇所にあり、前者は仮借して「侑」の意味であり、後者も仮借であるが、こちらは神の祐《たす》けである「祐」としての用法である。ここで犠牲にされている「羌（）」は、殷王朝の西北方面に居住していた人々であり、王朝によって大勢が奴隷にされていた。字形としては、人（）と羊（）の角の部分から成り、また辮髪《べんぱつ》のような飾りを付けていることから、遊牧をし

ていた人々と推定されている。ただし、後代の羌（または姜《きょう》）と連続する集団かどうかは明らかではない。

祭祀の対象は省略されているが、犠牲にされた人数は十（丨）と人（亻）の合文で「十人（亻丨）」と記されている。殷代には人肉食の習慣はなかったため、肉の分配という社会的効果は期待できないが、祭祀儀礼を行うのであるから、宗教的権威による支配には利用できる。

さらに、殷代の奴隷は戦争捕虜が中心であり、これも人身犠牲を多くした原因であったと考えられる。かつて、殷代を「奴隷制社会」とする見解が広まっており、それは「生産労働の担い手が奴隷である社会制度」（『広辞苑』）と定義されていた。しかし、甲骨文字に記された奴隷は、王や貴人の家内奴隷であり、農業や工業に関わる記述が見られない。管理技術がなかったのか、それとも他の理由かは分からないが、捕虜を農奴などに使用することはなかったのである。

もし必要以上に捕虜を獲得した場合、理由もなく養うのは費用がかかり、また元の居住地へ戻せば再び敵対勢力になるだけである。それならば、祭祀の犠牲にすることによって余剰の奴隷を整理し、同時に王の軍事的勝利を宣伝する方が効率的である。

こうして、殷代には多数の戦争捕虜が祭祀の犠牲に供された。甲骨文字に記された人身犠牲の数は、合計すると約二万人に及ぶ。その一部には、同一の祭祀に対して複数回の占卜をしたものや、犠牲の数を選択するもの（例えば十人・十五人・二十人からの選択）もあるので、そのまま実数ではないものの、殷墟遺跡からはすでに三千体以上もの祭祀犠牲者が発見されており、甲骨占

図表25 「眉」の用例（右：『甲骨文合集』5777、左：同6185）

卜の内容が虚構ではなかったことが明らかである。

前掲の図表24の下段は、殷墟遺跡から発見された犠牲の人骨である。おそらく多くの遺体を詰め込むためであろうが、胴体は上下互い違いに埋められている。また、頭部の切断によって殺されており、頭骨は別の場所からまとまって発見された。

このように、殷代の呪術儀礼は、ある種の社会的合理性を兼ね備えていたのである。したがって、前掲の白川による「望」の解釈のように、三千人もの巫女を用意するというきわめて非合理的な儀礼が実際に行われたはずがない。それでは、白川は何を間違えたのだろうか。

白川が「媚」とした文字は、実は「眉（）」だったのである。図表25に、甲骨文字における「眉」の用例を挙げたが、そのうち右の資料は次のような内容である。

……

…貞《と》フ、眉《び》シ二三百《さんびやく》射《しや》ヲ一、呼《よ》ビテ…。

…占った。三百の射を眉し、呼んで…

冒頭と末尾が欠損しているが、「眉三百射」という部分は判読できる。眉（）は、字形としては目の上にある眉を強調した形である。また、三百（）は、白（）を仮借したものに三（三）を加えて合文で数字を表示したものである。

射（）については、弓（）に矢（）をつがえた状態を表しており、甲骨文字では狩猟で獲物を射る意味にも使われるが、ここでは射撃部隊として用いられている。つまり、「三百射」とは、王の配下にあった三百人の射撃部隊なのである。殷代には戦争で戦車が用いられ、それは主に射撃によって攻撃する兵器だったので、「三百射」を三百台の戦車部隊とする説もある。

眉  射  媚 

いずれにせよ、戦闘部隊に関係する文章であるから、「眉」は巫女を表した文字ではない。しかも、下に名詞を導くのであるから、「眉」は他動詞ということになる。動詞としての「眉」は、甲骨文字では視察を意味して用いられているので、この場合は部隊の召集か閲兵を占っていることになる。

そして、図表25の左の資料は、白川が「望」の解釈で取り上げた甲骨文字であるが、やはり「媚」ではなく「眉（）」の字形である。

庚寅《こういん》卜《ぼくシテ》殻《こく》貞《とフ》、勿《なカランカ》下眉《びシ》二人《じん》三千《さんぜんヲ》一、呼《よビテ》望《ぼうセシムル》中𢀛《ヲ》…上。

庚寅の日に卜して殻が占った。三千人を眉し、呼んで𢀛〔方〕を望させないのがよいか。

このうち、「人三千」は三千人を意味する。甲骨文字では数字を名詞の後に記すこともあり、例えば「三百射」は「射三百」とも呼ばれる。また、末尾が欠損しているが、敵対勢力である「𢀛方」であることは間違いない（白川は「苦方」と字釈をしたが、隷定は工（）の上下反対と曰（）から成る文字である）。

この文章でも眉（）が用いられており、先ほどの文章と比較すれば、「眉人」という名詞ではなく、三千人の軍隊を召集または閲兵する意味であることは明らかである。当然、「望（）」

についても呪術的行為ではなく、文字通り敵対勢力の偵察と考えるのが妥当である。

ちなみに、甲骨文字には「眉」とは別に「媚」の文字がある。媚（）は、眉の異体（）と女（）から成り、甲骨文字では祭祀名としての用例があるので、こちらは巫女の姿を表したものと考えてよい。

白川の誤解は、単純な読み間違いと言えばそれまでだが、白川は「眉」と「媚」が別の文字であることを知っており、『字統』や『漢字の世界』などでは別に項目を立てている。したがって、丁寧に字義を調査すれば、眉に視察の意味があることは判明したはずである。しかし、呪術儀礼という前提で漢字の成り立ちを見ていたため、そうした綿密な分析を怠ってしまったのであろう。

さらに言えば、白川は古代文明の呪術が必ずしも非合理的ではないことについても理解しており、次のように述べている。

> 呪術は、経験的な知識や技術を拒否するものではない。むしろそれを成り立たせ、保障し補うものとして存する。すでに広壮な地下陵墓を営み、精巧な青銅彝器を製作する技術をもつ当時の人々が、知識的なものを拒否する呪術の世界に、いつまでも安住していたのではない。
> （『漢字の世界』2、一五一頁）

また、殷代において最も重要であった呪術儀礼は、王朝の政策決定にも用いられた甲骨占卜であるが、第一章で述べたように事前に加工がされており、王が望んだ行動が肯定されるように操作されていた。実は、それを初めて示唆したのも白川であり、戦後まもなくのことであった。

白川は、甲骨文字を読解した経験から、繇辞《ちゅうじ》に「吉」が多いことを知っており、甲骨占卜を一種の祈禱であると見なした。また、白川は甲骨を使って再現実験をしておらず、操作方法を知らなかったため、吉が出るまで占ったという解釈をした。

実際に、甲骨文字の初期の段階では、まだ甲骨の加工技術が未熟だったようであり、吉が出るまで八回あるいは十回と占ったものが見られる。中期以降になると、占卜の回数が三回以下に減少しており、操作技術が向上したことが窺われる。

このように、白川は呪術儀礼の合理性や甲骨占卜の作為性を理解していたのであり、字源研究のための基礎的な知識は十分にあったことになる。しかし、白川の解釈はどんどんエスカレートしていき、ついには奇怪な呪術儀礼として字源を解釈するようになった。

白川がどのような理由で解釈をエスカレートさせたのかは分からないが、呪術儀礼の合理性や甲骨占卜の作為性を理解しながら、字源研究では非合理的な呪術儀礼として解釈したのは、明らかな自己矛盾であった。

問題④・「聖職者」という身分

白川は字源分析において呪術儀礼を重視したが、それと関連して、身分を表す文字の多くを

「聖職者」として解釈したという特徴もある。例えば、尹《いん》（）の字源を「手に神杖《しんじょう》をもつ形で、それをもつものは聖職者である」とし、小臣（）の原義を「王族出身の身分称号で、おそらく神事など聖職に従うものと思われる」と解釈した。

しかし、甲骨文字の記述を見ると、「尹」と呼ばれた人々は、祭祀だけではなく土木建築や農業などにも携わり、また王の命令で各地に使者として赴いたり、軍事行動に参加したりすることもあった。

要するに、尹の原義は「聖職者」ではなく王の臣下の汎称だったのである。したがって、字源としても、持っているものは「神杖」ではなく漠然とした道具の表現であり、王のために労働する人々を指したと考えるべきであろう。なお、後代には尹は長官の意味で使われたが、これは後起の字義である。

また、「小臣」についても、祭祀のほか、狩猟への参加や占卜に用いる牛骨の納入などを行っており、やはり「聖職」には限定されていない。西周金文では奴隷身分を「小臣」と呼ぶこともあるが、甲骨文字では「小臣」が王の馭者を務める例もあるので、原義としては王の身近にいた臣下を指したと考えられる。

このように、白川が「聖職者」とした身分呼称は、必ずしも神事だけに関わる存在ではなかっ

尹 

小臣 

保 

亜（亞） 

た。そもそも当時は祭政が不可分な時代であり、また明確な分業制が成立していなかったため、各々の臣下が多様な職務に携わっていたのである。

また、白川は殷代の王を「巫祝《ふしゅく》王」（巫祝は祈禱師を指す）と呼んだが、これも王朝の一面だけを強調したものである。当時の王は、呪術儀礼のみを担当したわけではなく、戦争においては軍隊や地方領主に命令を下したり、ときには自身で部隊を引率した。そのほか、甲骨文字には王が新たな邑《ゆう》（都市）を建設したり、地方を巡察したりする記述もある。甲骨文字には直接的な記述はないが、税収や家畜の管理なども臣下に命じて行わせていただろう。

白川は、字源分析において呪術儀礼に偏重したため、殷王朝がそれだけで成り立っているような解釈になってしまった。結果として、殷王朝の人々についても「聖職者」と解釈せざるを得なかったのである。

「尹」や「小臣」のほかにも、白川は「保」や「亜」なども聖職者と見なした。保（）は、人（）が子（）を背負っている形であり、甲骨文字には手を後ろに回している姿を表した異体字（）もあることから、白川は字源を「新しい生命に対する魂振り儀礼のありかたを示している」と解釈し、原義を「霊の授受に関する儀礼に関与する聖職者の称号」と見なした。

しかし、甲骨文字や金文では「保」が軍事で活躍する例が多く、むしろ軍事担当者と考えられる。つまり、子供を保護することからの引伸義で治安維持の役割を表したということになる。

亜（）は、字形の起源は白川が述べる通り王墓の象形である。図表26に殷代後期の王墓の見

取り図を挙げたが、当時の王墓は四方に墓道が伸びており、旧字体の「亞」が元の形をより強く残している。

さらに白川は、王墓を字源とすることから、亜を「喪葬の儀礼を執行する職能者」と解釈した。しかし、甲骨文字で「亜」と呼ばれた人々は、祭祀だけではなく王都における多様な職務に関係しており、また軍事や祭祀の主宰者となることもある。したがって、これも同様に聖職に限定されておらず、王都に居住した有力者の称号ということになる。おそらく、王墓によって王の側近

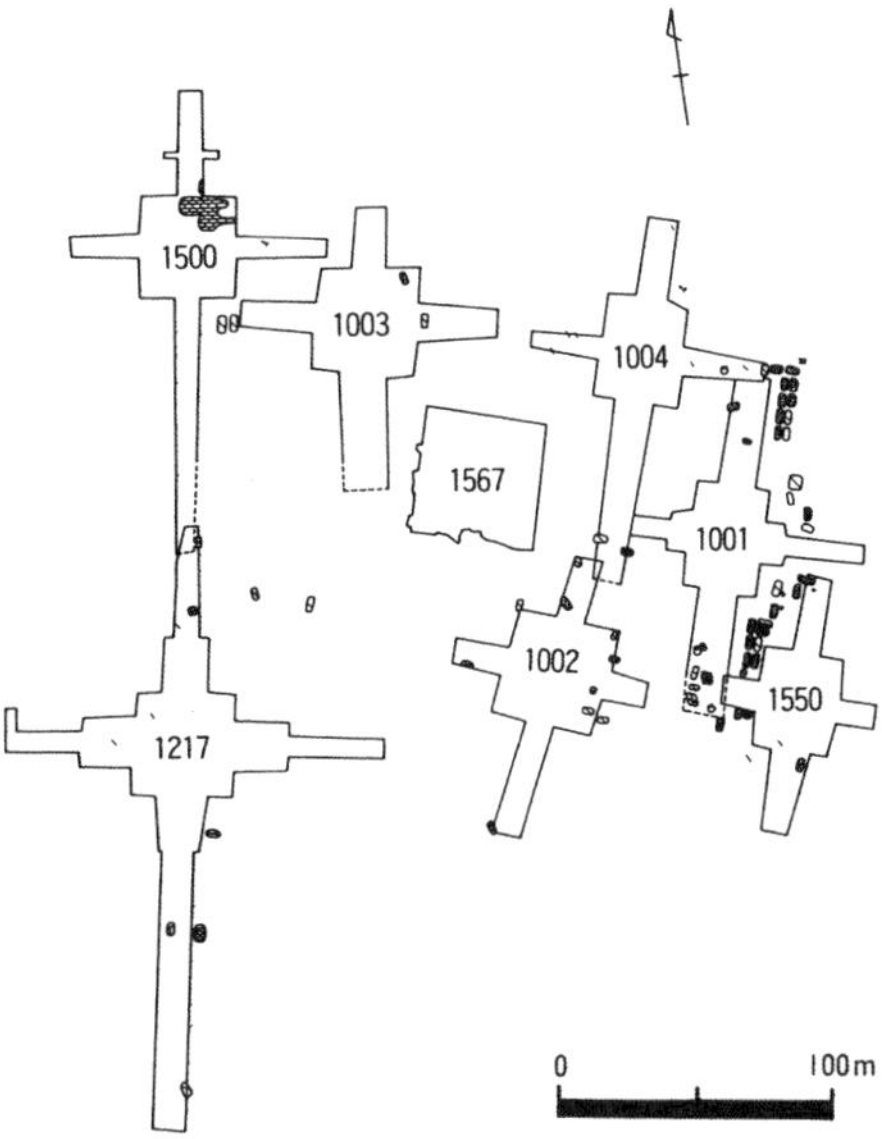

図表26　殷代後期の王墓（『安陽発掘』から引用。スケール表示の位置を変えた）

であることを象徴的に表したのであろう。

こうした「聖職者」と関連して、白川は多くの文字を「聖化の儀礼」や「聖なる場所」として字源を解釈した。これも一連の流れであり、殷代後期には聖職者が多かったことを前提とするため、必然的に「聖なるもの」という解釈も増加したのである。

例えば、『字通』で白川が「聖所」とした場所を羅列すると、中廷・門・祖廟《そびよう》・社（土地神の祭所）・神梯《しんてい》（神が降りる梯子）・巌窟・石室・竈《かまど》の穴・屋霤《おくりゆう》（雨だれが落ちる場所）・阪《さか》・道路・崖下・岩場・山上・谷口・林叢・水辺・璧雝《へきよう》（沼沢）などがある。

古代中国、特に殷代後期には、いたるところで祭祀が行われたので、白川はすべて「聖所」と解釈したのであろう。しかし、「聖」は日常の生活とは区別されるからこそ意味を持つのであり、そこかしこに「聖」があっては日常と区別ができなくなる。祭祀をしたからといって、そこが聖所とは限らないのである。例えば現代の日本でも、工事の前には地鎮祭を行うことが多いが、そこが「聖所」となるわけではない。

文化人類学では、聖所（聖域）は、「タブーとされた特定の聖なる空間」（『文化人類学事典』四〇八頁、伊藤幹治執筆）と定義される。甲骨文字には宮殿や門などで祭祀が行われたことが記されているが、そこに呪術的な禁忌行為が設定されていたかどうかは分からないのであり、現状の資料状況では、安易に「聖所」や「聖化」という言葉を用いることができないのである。

また、殷代にも祖廟や王墓は聖所とされていた可能性が高いが、そもそもタブーは一般に不文律なので、甲骨文字には具体的な禁忌行為は記されていない。つまり、殷代における「聖所」は、現状では研究できない分野ということになる。

問題⑤・時代差の軽視

ここまでは、白川静の研究のうち、呪術儀礼を重視しすぎたことによって発生した問題を主に取り上げてきた。ここからは、古代文字を分析するうえでの技術的な問題を述べたい。その一点目は、字形や字義の時代差である。

歴史の研究においては、当時の状況をより強く反映した資料ほど有用なので、一般的に言えば早く作られた資料ほど信頼ができる。それは字源研究でも同じであり、より古い資料ほど原形や原義を残していることが多い。しかし、白川は研究に際して、各資料の時代差をあまり重視していないのである。

例えば、「人（にんべん）」と「木」から成る「休」について、白川は「木はもと禾《か》の形に作り、いわゆる両禾軍門といわれる軍門の表木《ひょうぼく》。その表木の前で旌表《せいひょう》（表彰）をうけることを休という」と解釈する。

西周金文では、「休」の字形に禾（）に近い形を含んでおり、また上位者からの賜与物を意味して用いられているので、この解釈は一見すると妥当のように思われる。しかし、最も古い資料である甲骨文字の段階では、穀物を表す禾（）ではなく木（）を用いた字形なのである

（図表27参照）。その後、西周金文で「禾」に近い形になり、再び篆書で「木」の形に戻された。

したがって、『説文』が「息《やす》み止《とど》まるなり。人の木に依るに従う」とするのがおそらく正しく、人が木にもたれて休んでいる姿である。西周代には、「休」が引伸義である賜与物の意味で主に用いられるようになったため、西周金文では意図的に「禾」に変えた可能性もあるが、いずれにせよ字源としては「木」を用いた字形で判断しなければならない。

また、白川は「名」の字源について、「夕」の部分を「祭肉の形」、「口」の部分を「祝禱《しゅくとう》を収める器の形である𠙵《さい》」とし、肉を用いた祭祀を表す文字と解釈した。しかし、これも時代が下って字形が変化したものであり、甲骨文字の段階では肉（）ではなく月（）の形を用いていた。白川は『字統』で甲骨文字の字形を挙げていないので、それを見落として西周金文（図表27参照）を最古の形と考えたようである。

図表27　休・名・微の字形変化（それぞれ字形の一例）

ちなみに、藤堂や加藤は「月」から字源を解釈するが、夜間に名前を呼ぶこととしている。しかし、「名」は甲骨文字では祭祀名として用いられているので、「名前」の意味から字源を考えることはできない。「名」は殷代には祭祀名であり、また祭器の形である「口（〓）」と月の象形の「月（〓）」を含むので、字源は夜間に行われた祭祀であったとするのが妥当であろう。

その後、「名」は西周初期に仮借か引伸義で「銘」の意味で使われるようになり、さらに西周末期以降に「名づける」の意味が発生し、そして最終的に東周代において「名前」の意味として用いられるようになったのである。

また、白川は「微」の字源を「媚蠱《びこ》をなす長髪の巫女《ふじょ》を殴《う》って、その呪能《じゅのう》を失わせる呪儀」とするが、これも後代の字形からの解釈である。

甲骨文字の段階では、長髪の人物と手の形の「又（〓）」から成る字形であり、甲骨文字では長髪は老人を意味するので、「〓」は老人を支えている様子ということになる（図表27参照）。また、異体字には手の形に変えて足の形の「止（〓）」を用いたもの（〓）があり、ここから原義は老人がゆっくりと歩むことと考えられる。

西周代には手の形の「又（〓）」が手に棒状のものを持った形の「攴（攵）」に変わった（図表27参照）が、白川はこれを元に解釈したため、打ちすえる様子と誤解したのである。なお、字形はさらに戦国古文で前進を意味する「彳」が加わって「微」の字形になった。

又（〓）と攴（〓）は字形が近いために入れ代わりやすい。例えば「徹」も同様に、初文（〓）

徹

族

盟

は器物である鬲《れき》（）と手の形の又（）から成り、器物を陳列することからの引伸義で「とおる」の意味になった。後に鬲が「育」に、又が「攴（攵）」に変わり、さらに進むことを表す「彳」が付されて「徹」の字形になったのである。

このように、白川の分析には時代差を軽視する傾向があり、最も古い漢字資料である甲骨文字の字形が見落とされていた。そして、これは字義についても同様であり、白川は甲骨文字の意味をあまり重視していない。

例えば、軍旗の象形である㫃《えん》（）と矢（）から成る「族（）」について、白川は「㫃は吹き流しのついている旗竿《はたざお》の形で、氏族旗であり、氏族軍の象徴たるものである。矢は誓約するときに用い、矢《ちか》うとよむ字である」とし、原義を「氏族旗のもとで誓約する氏族の構成員である軍士・族人をいう」と解釈する。

しかし、「族」が氏族の意味で用いられたのは後の時代の引伸義であり、軍旗と矢を用いた字形からも分かるように、原義は軍隊そのものであり、甲骨文字でも軍事行動に動員される集団を指して用いられている。その異体字には、矢を二本にしたもの（）や下部に口を加えたもの（）などがあるが、いずれも用法に大きな違いはない。

かつては、戦争において「王族」が動員される記述が甲骨文字にあることから、白川を含め多くの研究者が王の親族が戦争に参加したと考えていた。その一例を図表28に挙げたが、当時の「王族」の正しい解釈は「王の軍隊」である。

己《き》亥《がい》貞《とフ》、令《れいシテ》二王《おうノ》族《ぞくニ》一追《おハシムルニ》二召方《しょうほうヲ》一、及《およブカ》二于《ニ》…一

己亥の日に占った。王の族（軍隊）に命令して召方を追わせるが、…で追いつくか。

この文章のうち、召（）は殷王朝の支配下の地名であるが、この時には首長が殷王に反抗しており、「召方」（方は敵対勢力を意味する）と呼ばれていた。そして、おそらく召の首長が逃亡しようとしたのであり、そこで殷王は自分の軍隊、すなわち「王族」をくり出して追撃し、甲骨占卜で及ぶ（追いつく）かどうかを占ったのである。

図表28 「王族」の記述
（『甲骨文合集』33017）

また、「盟」について、白川は「明と血とに従う。明は神明。その前で牲血を歃《すす》って盟《ちか》うことをいう」とし、「神に誓う意」とするが、これも後代の字形や字義に基づく解釈である。

字形から言えば、西周金文には「明」と「血」から成る字形が見られるが、甲骨文字の段階では皿（）を意符、窓の象形である冏《けい》（）を声符とする「」の字体であり、「冏」が字音の近い「明」に置き換えられたのは西周代である。冏の字源については、考古学資料を元に星の光とする説もあるが、いずれにせよ甲骨文字では冏に「神明」の意味はない。

また、字義についても、「盟（）」は甲骨文字では祖先祭祀の儀礼として記されており、神に何かを誓う意味では使われていない。後の春秋時代になり、周王の権力が低下すると、諸侯（地方領主）が互いに軍事条約を結ぶようになり、その締結の際にこの儀礼が転用された結果、「盟」が「盟約」の意味を持つようになったのである。

「盟」はもと祭祀名であり、また字形に「皿（）」を含むので、皿に注いだ血をすする儀礼を原義とすることは正しいのだろうが、後起の「ちかう」という意味から文字を解釈したことが誤りだったのである。

字形や字義の時代差は、各時代ごとの用例を集めることで判断できる。特に甲骨文字については、早くから索引が作られており、一九六七年に出版された島邦男『殷墟卜辞《いんきょぼくじ》綜類《そうるい》』は画期的な成果であった。しかし、前述のように、白川は一九六〇年代前半の情報をほとんど更新しないまま研究を続けており、『殷墟卜辞綜類』も研究で使用した形跡が見られない。

白川は、文字の背景にある文化や思想を読み解くという研究手法を主に用いたが、資料に対して統計を取ったり、多種の資料を比較することは好まなかったようである。いかに優れた人物であっても、情報が欠如すれば結果も誤ったものになる。白川の字源分析における誤りは、その才能や努力の不足ではなく、情報収集の不足によって発生したものだったと言えるだろう。

問題⑥・一義的な字形解釈

白川の字源分析には、字形に対して一義的な解釈をしたという特徴もある。同じ形を同じ意味として分析することは、それが妥当な場合もあるが、漢字は別のものが同じ形で表現されたり、異なる字形が同化したりすることもあり、固定的に字形を解釈する方法は、こうした場合に柔軟に対応できないという欠点がある。

例えば、白川は「小（）」の字源を「貝または玉《ぎょく》を写したものであろう」とする。甲骨文字においては、子安貝を紐で結んだ形の朋《ほう》（）や玉飾りをつなげた形の玉（）では、白川が言う通り子安貝や玉飾りが短い線で表示されているが、利の異体（）では穀物が短線で表されており、また燎の初文の尞（）では短線が火の粉の意味で用いられている。つまり、「小（）」は短線を用いた字形であるが、それは特定の物体ではなく指事記号であり、小さなものの一般形

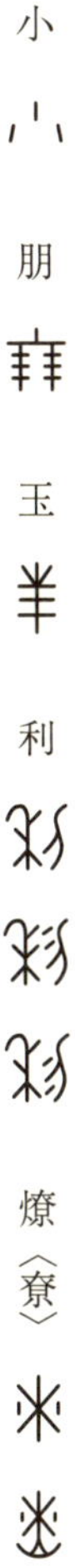

竜（龍）　九  　旬  　雲〈云〉

としてとらえなければならないのである。

同様に、白川は、大きく曲がった線を含む文字を一律に竜の形として解釈することが多い。竜（）は蛇を元にした想像上の動物であり、「」の部分が蛇の側面形であり、「」は尊貴の存在であることを表す冠の形である。甲骨文字では、「」は信仰の対象として記されており、これが竜を表した文字であることに異論はない。

ところが白川はこれにとどまらず、九・旬・雲なども竜やその一部として解釈した。白川は、九（・）について「身を折り曲げている雌の竜」とするが、「」の字形のうち「」の部分には竜の頭部としての用法はなく、甲骨文字では手の形の「又」にあたる。したがって、すでに加藤や藤堂が指摘しているように、字源は腕を屈曲させた形とするのが妥当である（窮や究の初文とする説もあり、数字は仮借の用法と考えられている）。

また、干支の甲～癸の十日間を表す「旬」の初文の「・」（勹の部分にあたる）についても、白川は「尾部を捲《ま》いた竜の形」とする。しかし、これも「」の形を含む字形（）があり、腕を丸めた形と考えられる。腕を丸めて一周させた形によって、十干《じっかん》の一巡を表したのであろう。

さらに、白川は雲の初文の云（）についても「雲気のたなびく下に、竜が尾を巻いている姿がみえる形」とする。甲骨文字では、雲は竜と同じく信仰の対象とされているが、甲骨文字では

「五雲」や「六雲」のように多数が集合した神として記述されている。一方、竜には集合体としての記述はなく、神格としては別ということになる。したがって、字形の成り立ちについても別であり、「云」は横線が天空を表し、曲線が雲が巻いた様子とするのが妥当である。

　白川の研究のうち、一義的な字形解釈が最も多く見られるのは「𠙵」の形である。すでに述べたように、「𠙵」に「くち」だけではなく祭器としての「𠙵《さい》」の意味があることを発見したのは白川であり、これは大きな功績であった。例えば、先に挙げた「魯」や「名」は、甲骨文字でも祭祀儀礼として用いられているので、「くち」ではなく「𠙵」である可能性が高い。

　しかし、白川は「甲骨文・金文の文字には、𠙵形を含む文字で、この形を口耳の口と解しうるものは一字もない」（『漢字百話』四一頁）という考えのもと、祭祀儀礼を表す文字でなくても「𠙵」の意味としたのである（後に若干の例外を認めた）。

　例えば、「鳴」は、甲骨文字でも鳥が鳴く意味で使われており、夜間に鶏が鳴いたことを不吉と見なした記述などがある。しかし、白川は「鳥」が「口」で鳴くことという『説文』以来の字源解釈を覆し、「口は𠙵《さい》、祝禱《しゅくとう》を収める器の形。鳥は上を仰いで鳴いている鳳《ほうおう》の形をした鳥。神に祈り、鳥の鳴き声によって占う鳥占《とりうら》のしかたを示す字」とした。

　しかし、「」の部分については、冠をかぶった鳳凰の象形である風の初文ではなく、

トサカを表現した雄鶏の象形である。白川の主張は、「」の部分だけで鳴いている様子を表しているので、「𠙵」の方には「くち」の意味はないという論法のようだが、甲骨文字では「鶏（）」の字形も口を開けて鳴いている様子を表している。

要するに、「トサカがあって鳴く鳥」という特徴によって鶏（雄鶏）を表しているのであり、口を開けていることが「鳴」の意味を表してはいないのである。白川の解釈は、牽強付会と言わざるを得ない。なお、甲骨文字には雄鶏の象形である「」に声符として奚《けい》（）を増し加えた異体字が（）あり、「奚」と鶏の形が変わった「鳥」で「鶏（鷄）」の字形になる。

鳥を用いた占いという解釈についても、白川は「鳥占いは古くローマにも行なわれ、占卜としてかなり普遍的なもの」（『漢字の世界』2、二九〇頁）とするが、古代中国の殷代あるいはそれ以前において鳥占いが行われた証拠を挙げていない。

さらに、「甘（）」の字源解釈に至っては、白川は「𠙵」を含む文字であることすら否定し、「左右の上部に横に鍵を通す錠の形」とし、「甘美の義は苷草《かんぞう》から出ており、別義」とする。つまり、「苷」を甘の字音だけを使った純粋な形声文字とし、その略体として「甘」が「うまい」や「あまい」の意味になったと考えたのである。

白川は、『字統』や『字通』では、「甘」の字形として、若干印象が異なる篆書（）だけを掲載しているが、甲骨文字や金文の字形（）は口の形（𠙵）に小点を加えた指事文字であり、口に物を含んだ様子を表している。もとは飲食を表す文字であり、それが引伸義で「うまい」の意

味となり、さらに「あまい」の意味にも転用されたのである。

また、「甘」の字形が出現するのは現存の資料では篆書が最初であるが、それ以前の戦国時代の文献資料において、すでに甘に「うまい」の意味が出現しているので、「甘」から転じて甘美の意味になったと解釈することもできない。

白川は、『字統』や『字通』において、「甘」の項目で甲骨文字や金文の字形である「曰」を挙げていない。見落としたのか、それとも意図的に無視したのかは分からないが、いずれにせよ「口」を「曰」として解釈することにこだわった結果、生じた誤りなのであろう。

なお、一九八〇年代以降の研究により、「口」には「くち」や「曰」のほかにも様々な用法があることが明らかになった。例えば、具体的に祭器を用いる儀礼の様子を表した文字以外にも、甲骨文字や金文では祭祀を象徴する意符として使用されることがある（後代にはこの用法では「示」が使われることが多い）。そのほか、漠然とした物体や建物の土台などの用法もあり、また類似形である「肉（月）」や「丁（口）」の異体として使われることもある。

白川は、先に述べたように呪術や原始信仰に偏重して字源研究を行ったため、類似する字形は似たような解釈になる傾向がある。しかし、ここで挙げたように、別のものが同じ形で表現されるような場合には一律に解釈することはできないのであり、個別の分析が必要なのである。

白川の研究は、字源を呪術儀礼と見なしたものが多いため、説明が分かりやすく、また読んで楽しいことが特徴である。白川の研究にはいわゆる「ファン」が多いが、それも分かりやすさや楽しさと無縁ではないだろう。しかし、「分かりやすい説明」や「楽しい解説」が必ずしも学術的に正しいわけではないのである。

問題⑦・声符の排除

白川は、甲骨文字や金文だけではなく、『説文解字』や『詩経』などの文献資料も研究対象としていた。そのため上古音についても、ある程度の知識を持っていたが、字源研究は字形を中心としており、字音からの分析はあまり行わなかった。

それどころか、当初は、「甲骨文における限定符の使用は、ほとんど固有名詞に限られているといってよい」（『漢字百話』一二五頁。「限定符」は形声文字の意符を指す）とまで述べていたのである。その後、『字統』などでは一般名詞や動詞などの一部にも形声文字を認めたものの、その比率はやはり加藤や藤堂よりもかなり低い。

例えば「省（）」うち「生（）」の部分について、前述のように「眉の上に加えた呪飾」と解釈しており、当初は声符であることすら認めていなかった。後に、『字統』などでは発音を表すことを認めたものの、亦声の部分としており、「呪飾」の意味が含まれているとする考え方は変えていない。

そのほか、「途」の初文の（）についても、余（）の部分を「把手《とつて》のある大きな針」とし、「道路の修祓《しゅうふつ》に呪器《じゅき》として用いることが多く、これで修祓した道路を途といい、神梯《しんてい》のある聖域

を祓《はら》うことを除という」と会意で解釈する。

これも、甲骨文字には針で道路や梯子を修祓する儀礼などは記されておらず、全く根拠のない説である。実際には、前章の図表20に挙げたように、推定される上古音の類似により形声とするのが妥当であり、初文は前進を象徴する止（）を意符、余（）を声符とする形声文字である。

同様に、白川は「喪《そう》」を「哭と亡に従う」とし、会意文字として解釈したが、甲骨文字の字形（）は口（）と桑《そう》（）で構成されており、初文は「哭」ではなく「噩《がく》」の形である。この場合には、口は具体的な祭器ではなく、祭祀を象徴する意符であり、それに声符として桑を加えた形声文字が「」なのである。その後、西周金文でさらに意符として「亡」が追加され、篆書で「噩」の部分が簡略化されて「喪」の形になった（上部が噩の略体）。

このように、白川の研究は、形声文字の可能性を排除して会意文字として解釈する傾向があったことも特徴のひとつである。

字音を重視した研究者のうち、加藤常賢は、象形文字や会意文字であっても形声文字として解釈する特徴があった。また、藤堂明保はかつての右文説に近く、形声文字の声符にも意味を認める傾向が強い。これに対し、白川は形声文字であることを否定し、会意文字として解釈することが多かった。大雑把に言って、加藤が「形声説」、藤堂が「亦声説」、そして白川が「会意説」と

いうことになるだろう。

すでに述べたように、漢字は長い歴史を通して多くの人々の手により作られたものであり、しかも甲骨文字の段階で形声・亦声・会意のすべてが存在している。つまり、漢字はそれぞれ多様な成り立ちをしたのであり、それを一元的に統合しようとする方法は、かえって学術的ではなくなってしまうのである。

組み合わせによる分析の有効性

古代文明における漢字の字形は、字音とは違って当時のものがそのまま甲骨文字や金文として残っている。原資料が残っているということは、研究上できわめて有益なのであり、これだけでも字形が字源研究において重要なことが明らかである。また、なによりも「字源研究」は漢字の字形の起源を明らかにする研究であるから、今後も字形の分析がその中心を占めることになるはずである。

そして、字形からの分析手段のうち、今後の研究において特に重要になるのは、会意文字などの組み合わせを元にする方法であると筆者は考える。これは、前述のように白川が提唱したものであるが、白川自身が呪術儀礼に拘泥《こうでい》したり、また甲骨文字の用例を無視して解釈したりしたため、大きな成果を挙げることができなかった。

そこで、本章の最後に、字形の組み合わせから分析する方法の具体例を挙げ、その重要性をあらためて述べておきたい。分析の対象にするのは、白川の研究の代表とも言える「𠂤《たい》（）」の字源である。

先に述べたように、白川は師の初文である「𠂤（）」について、遣の初文の「𠳋（）」が甲骨文字では祭祀名として用いられており、また両手で「」を捧げ持つ様子を表していることから、丘の象形などとする旧説が誤りであり、人が手に持つものであることを明らかにした。なお、「𠳋」が祭祀の様子を表していることは、「」を祭器である𠙵（）の上に載せる形の異体字（）が甲骨文字にあることからも確認できる。

白川は、さらに「」を用いた字形を集め、災厄を意味する孼《げつ》（初文は「辥《せつ》」の部分）がもとは「𠂤（）」と刃物の一種である「考《けん》（）」（後に辛に変化）から成ることから、これを祭肉を切り取る様子と解釈し、「𠂤」の字源を祭肉とした。また、西周金文以降の字形では、「𠂤」の上に「屮」があることから、白川は「𡴘《げつ》」の部分を「𠂤肉《しにく》を懸《か》けている形」と見なした。しかし、この解釈については、実は資料の見落としがあったのである。

こうした組み合わせを調べる場合には、甲骨文字の索引である『殷墟卜辞綜類』や『殷墟甲骨《いんきょこうこつ》刻辞類纂《こくじるいさん》』の部首検索が便利である。特に後者は、より多くの甲骨文字を対象とし、しかも本文では字釈も併記しているため、使いやすい構成になっている。

師〈𠂤〉 　遣〈𠳋〉 　孼〈辥〉 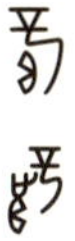　考 

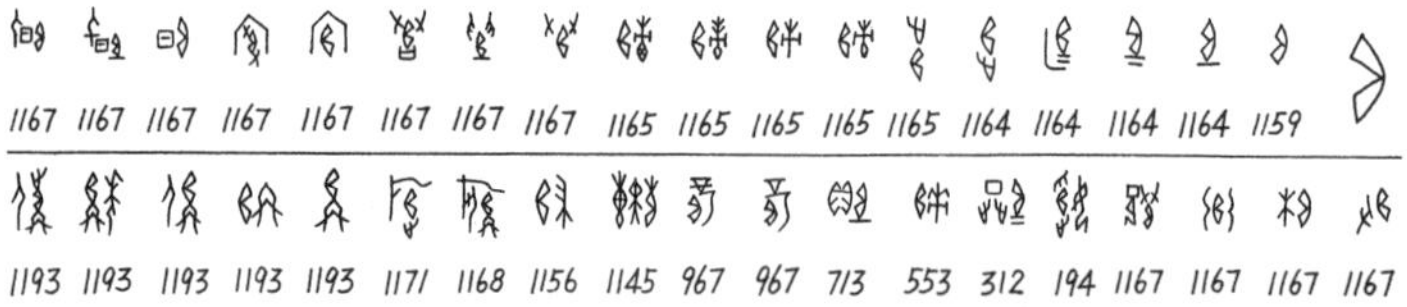

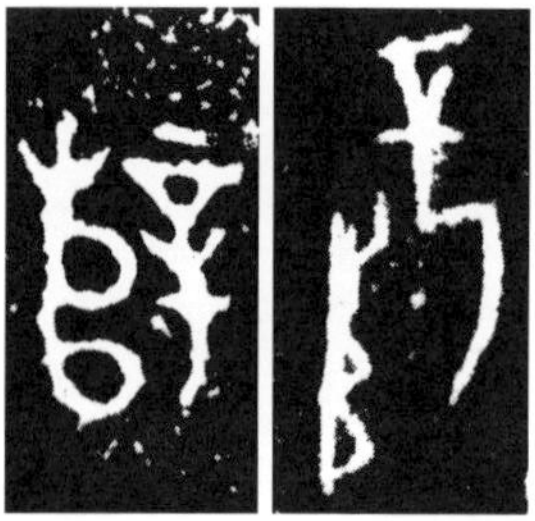

図表29　自（𠂤）を含む甲骨文字（上：『殷墟甲骨刻辞類纂』の部首検索22頁、下：辥の字形。右から『甲骨文合集』31071・『殷周金文集成』2841）

図表29の上部に『殷墟甲骨刻辞類纂』の部首検索を掲載した。かつて白川が苦労して集めたであろう「𠂤」を含む甲骨文字について、ほぼ一目で見ることができる。さらに、示されたページ数に従って索引の本文を調べることで、異体字の字形も多数集めることができる。

甲骨文字では、辥は「辥」の字形が主に用いられており、図表29の部首検索でもこの形を掲載している。このうち、「䇂」の部分が刃物の象形という解釈には問題はないが、甲骨文字には「辥」の異体字として「𠂤」の上に「止」を加えた「辥」という形が見られる（図表29の右下を参照）。つまり、西周金文以降に「屮」の形になる部分は、もとは足（足首）の象形である「止（止）」だったのである。したがって、「𠂤」の字源は、同じ肉でも祭祀に用いる家畜の肉ではなく、人間の足の肉ということになる。

殷代には、戦争捕虜を家内奴隷にする際に、逃亡防止のために足首を切り落とすという処置が行われていた。

それを甲骨文字では「辟《へき》」あるいは「刖《げつ》」と呼んでおり、いずれも人の足を切る様子を表した字形である。

辟（）は、座った人の形である卩《せつ》（）と刃物の象形の䇂（）の異体である辛（）から成り、後に卩が尸に、辛が辛に変わり、また切られた足首として四角形（「口」の部分）が加えられた。刖（）は、初文が人の正面形である大（）と刀（）から成り、字形をよく見ると、すでに片足が切られて短くなった状態を表していることが分かる。甲骨文字の異体字には、大（）を肉（）に変えた異体字（）があり、これが後代に継承され、また月（にくづき）が声符の月（げつ）として扱われたため、楷書の字形としては形声文字に該当する。

白川は、軍隊を意味する師の初文が𠂤（）であることについて、「軍の出行するときは、祖《そ》廟《びょう》や軍社などに祭って神佑を祈り、その祭肉である脤胙《しんそ》を携えて出行する」と解釈した。しかし、実際のところは、切り取った捕虜の足の肉をもって軍事力の象徴としていたのである。

図表29の下部に西周金文の字形も掲載したが、甲骨文字の字形である「」のうち、䇂（）が同じく刃物の象形である「辛」に変わり、また止（）が物をつり下げる形に変化している。つまり、白川は甲骨文字の「」の字形を見落とし、西周金文から字源を解釈したため、最後の詰めを誤ったのである。

ちなみに、甲骨文字には「」の上部に「」を組み合わせた形として、㱿の異体（）以外にも、「旹（）」が単独で用いられることがあり、亡失字（人名・地名）の「僃（）」にも含まれている。

また、白川は「追」の初文の「𠂤（）」について、「軍の行動するときには常にこの脤肉を奉じて行動する」とし、「脤肉を奉じて敵を追うことを追という」と解釈する。しかし、これも白川の研究に特徴的な一義的な字形解釈のひとつであって、敵を追撃する際にいちいち祭祀をして脤肉を用意していたのでは、その間に敵を取り逃がしてしまう。実際には、甲骨文字ではすでに「」が軍隊の象徴として定着しているので、「」は敵の軍隊（）を足（）で追う様子を表していると考えられる。

このように、会意文字などの組み合わせから字源を分析する方法は、これまでの研究ではあまり活用されてこなかったが、近年に整理された資料を利用することで大きな可能性が開けるのである。具体的には第七章でも述べるが、字形やその組み合わせからの分析は、様々な文字の字源研究において有効に機能するのである。

第六章

字義からの字源研究

字義に基づく字源研究

　本書は、第四章で字音を重視した研究者として加藤常賢と藤堂明保の研究を取り上げた。また、第五章では字形を中心にした白川静の研究について解説した。しかし、漢字が持つ要素は、字音と字形だけではなく字義もあるのだが、これまでの研究者はいずれも字義を軽視していた。

　ここまでに挙げた例で言えば、藤堂は「得（　）」の字源について、「止」と発音上の類似があることから「じっと手中に持つこと」と解釈したが、現存最古の漢字資料である甲骨文字では「える」の意味で用いられており、実際には貴重品である貝（　）を獲得することを表した文字であった。また、「室（　）」に「至（　）」が含まれることから、藤堂は「いちばん奥のいきづまりのへや」としたが、甲骨文字では多様な位置に「室」があり、この解釈は矛盾していた。

　すでに述べたように、加藤や藤堂は甲骨文字や金文を専門としておらず、その字義を字源研究に反映させる技術を持たなかったので、それを軽視したのは当然と言えるかもしれない。しかし、甲骨文字や金文に対する豊富な知識があった白川すら、根拠もなく呪術儀礼として字源を解釈し、字義について詳細な検討をしなかったのである。

　第五章で挙げた例から引用すると、白川は「尹（　）」について「手に神杖をもつ形」が字源で「聖職者」であるとしたが、実際には「聖職」には限定されておらず、多様な職務を担っており、臣下を指す汎称として用いられていた。また、「族（　）」は殷代には軍事行動に動員されており、原義は軍隊であったが、白川は後起の字義である「氏族」から字源を解釈した。

　そのほか、先に挙げた「得」と「室」のうち、白川は「得」については正しく解釈しているが、「室」については、至（）が矢（）の地面に到達した状態を表していることから、「矢を放ってその地を卜し、また地を祓《はら》うことが行なわれたのであろう」とし、建築をする際に矢を放って到達した場所に建てることを字源と解釈した。しかし、中国では新石器時代の段階から、すでに建築物の位置は社会構造によって規制されており、自由な場所に作れるものではなかった。甲骨文字や金文にも、矢を放って建築物の位置を決める儀礼は記されておらず、これも根拠のない憶測である。

　このように、かつての研究はいずれも字義を軽視しており、字義の調査によって容易に判明する誤りが多い。また、複数の解釈がされている文字の場合にも、字義から字源を特定できることがある。本章では、字義からの字源研究について、その基本的な方法を解説する。

　なお、字義からの字源研究は、その字形が原義で使われていることが前提条件となるので、引伸義や仮借の用法の場合には分析することができない。特に甲骨文字は、後代の思想書や歴史書とは異なり、占卜の内容であるため固有名詞としての用法が多く、原義での文字使用があまり多くない。そのため、字義からの字源研究は必然的に制限が多くなるということをあらかじめ注意しておきたい。

身

人

疾〈疒〉

爿

壱

単独の文章から分析する

字義からの字源研究において最も容易なのは、単独の文章から文字の成り立ちが判断できる場合である。しかも、これまでの研究では字義が軽視されていたため、この方法ですらも使われていなかった文字が少なくない。

例えば、「身（ ）」は人（ ）の腹部に丸印をつけた字形であるが、周代以降の資料では身体や妊娠の意味で用いられており、『説文』は「躳《からだ》なり。人の身に象《かたど》る」として身体を原義とし、加藤・藤堂・白川はいずれも妊娠を原義とする。

しかし、殷代の甲骨文字には、どちらの用法も存在しないのである。甲骨文字では、「疾目（ ）」や「疾耳（ ）」のように、部位ごとに疾病について占うことがあるが、図表30に挙げた甲骨文字では、それと同様に「身（ ）」が疾病の部位として用いられている。

疾《や》ムハ㆑身《しん》ヲ、不《ざ》ルカ㆓惟《こ》レ有《あ》ラ㆑壱。

身を病んだが、これは壱（神の祟り）ではないか。

疾（）は、人（）が寝台である爿《しょう》（）に寝ている様子であり、爿は縦横の向きを変えて左側に台の足を表している。後に人の部分が簡略化され、それと爿を合わせたのが初文の「疒《だく》」である。甲骨文字の字形のうち、小点は病人から出た汗か血液なのだろうが、楷書には残っていない。疒に声符の「矢」（戦傷も意味する亦声の部分）を加えると「疾」となり、声符の「丙《へい》」を加えると「病」になる。

図表30　甲骨文字の「身」の用法（『甲骨文合集』13666。右行）

また、亡失字の壱（）は、足の形（）の向きを変えたものと蛇の象形の它（）から成り、神がもたらす災厄を意味している。おそらく、字源としては毒蛇に足を噛まれることを表した文字であろう。

そして、「身（）」は人の腹部に丸印をつけた形なのであるから、この用例から、もとは腹部を指した文字であると考えられる。

このことを証明するのが、甲骨文字の「腹」である。後代には、肉（にくづき）を意符、復の初文の复を声符とする形声文字になったが、甲骨文字の字形（）では意符に

身（）が使われている。つまり、「腹」の成り立ちは、腹部を表す身（）に声符として复（）を増し加えた繁文だったのである。

ちなみに、甲骨文字では妊娠を表す文字として、身（）ではなく孕《よう》（）が使われており、これは腹中に子（）がある様子を表している。また、甲骨文字では身体の部位を表示する際に人（）に丸印をつけることがあり、膝であれば「」、肩（頸部かもしれない）は「」のように表されるので、これも「」がもともと腹部を指していたことの傍証である。

なお、白川は後にこの用法の存在に気づいたようで、『字統』では「卜辞に疾病《しっぺい》を示すものに、腹部の膨張するものがある」という正解にやや近い解釈を付け加えている。ただし、妊娠を字源とすることは撤回していない。

ところで、なぜ腹部を表す文字が妊娠の意味になったのだろうか。これは推測でしかないが、本来は「腹部を丸印で示した指事文字」だったものが、周代において「腹部が膨らんだ人の象形文字」と誤解されたと思われる。

漢字は殷から周へと継承されたが、両者の間では字形や字義の誤解がよく見られ、第五章で述べたように、孼（）は本来は止（）を含む字形だったものが、周代には「屮」の形に変えられた。また、休（）も、人が木にもたれて休んでいる様子を表した文字であったが、西周金文では木（）が穀物を表す禾（）に近い形になっている（篆書で元に戻された）。殷王朝の時代には、周は辺境に位置していたため、あるいは文字の一部が正しく伝わらなかったり誤用されたりし、それが周王朝の成立後もそのまま使われたのかもしれない。

ここで述べたように、現存最古の漢字資料である甲骨文字の字義は、これまでの字源研究ではあまり活用されてこなかった。漢字の要素には字形・字音とともに字義が存在するのであり、より多くの情報を集めることで分析は正確なものとなるのである。

部分の用法から分析する

次に挙げる方法は、字形の組み合わせとも関係するが、会意文字などの中でその形がどのような意味を持っているかという点から字源を判断するものである。

例えば、十二支のひとつである「午（）」について、『説文』は逆らうことを意味する「啎《ご》」の初文とし、加藤・藤堂・白川の三者は「杵《しょ》（きね）」の初文と見なす。しかし、甲骨文字の会意文字では、「啎」や「杵」の意味では全く使われていない。

午は後代に分化し、「幺《よう》」や「玄」などの形にも派生している。例えば、人を捕らえる様子を表した「奚《けい》（）」は、人の正面形の大（）と人の首につないだ午すなわち幺（）、およびそ

午《幺・玄》 　奚 　系〈𢆶〉 　羌 

れを持つ手の形の爪（）から成っており、ここから「」は紐の象形と考えられる。

したがって、「牾」や「杵」については、意味の上で「午」を用いたのではなく、形声文字の声符ということになる。

そのほかの文字でも、系（）は、紐（）をつなげたものを手（）で持つ形であり、初文は「𢆶《けい》」である。後に爪（）が「ノ」に簡略化され、二つの紐が「糸」の形に変わった。また、前掲の羌（）では、辮髪と思われる頭部の飾りが「」で表現されているので、より正確には「紐状のものの象形」ということになる。

なお、奚（）に含まれる「」については、藤堂は縄であると正解しており、白川は編んだ髪というやや近い推定をしている（加藤は奚に言及していない）。後代に幺に分化したものは、「」の形がほぼそのまま篆書まで継承されたため、字源が判断しやすいが、午になったものは篆書で「」に変化したため、後代の資料を元に研究すると誤解が発生しやすかったのである。

そのほかの例として、刀（）は刀の象形であるが、その向きについて、藤堂や白川は下が刃先と考えている（加藤は向きに言及していない）。これについて、「刃」は後代の字形では刃の部分を表す記号（「丶」の部分）が「刀」の下部に付されているが、甲骨文字の字形（）では指事記号の丸印が上部についており、本来は上が刃先であったと考えられる。

このことは、分（）の字形からも明らかであり、分断されたものを表す指事記号の八（）は、やはり刀（）の上部に加えられている。また、刖の初文（）は、前述のように大（）と刀（）から成り、片足を切断する様子を表しているが、刀の上部（刃の部分）に短線を加えた異体字（）もある。これはノコギリのような道具を表す我（）と同様の表現であり、人体の骨は硬いので一刀両断とはいかず、ノコギリ状の刃物で切断したのであろう。

また、示（）の字源についても、前述のように祭祀に用いる机であり、供物を載せた状態を表す異体字（）もあるが、これまではどのような机であるかが分析されていなかった。

そこで会意文字の中での用法を見ると、例えば太陽が昇る様子を表す昜《よう》（）は、日（）と示（）から成っており、ここでは「示」が上昇を意味して用いられている。なお、昜の字源については、藤堂は示の部分を「上にあがって、高いところに達する」と正解するが、加藤は誤って下部を「丂《けい》」として声符と見なし、また白川は上部を「玉」に誤解している（玉は「」の形）。字形は後に下部に太陽の輝きを表す彡《さん》が付され、示と合わせて「勿」のような形になった。

また、泉（）は字形が冖《べき》（）と示（）および小（）から成るが、「冖（）」の部分は、囲いの中で牛を飼う様子を表した牢の初文（）などにも見えるので、囲う形であり、泉（水源）の周りの様子を表示していると考えられる。「小（）」は小さなものを表す一般形であり、

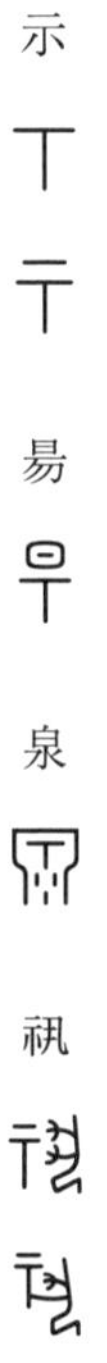

字義から考えれば泉から湧く水を表している。そして、「示（丅）」は水が地中から湧出する様子を表現したものである。

このように、いずれも示（丅）が上昇の象徴として使用されている。そして、甲骨文字で祭祀儀礼を表す文字の一つの「祇（）」（亡失字）は、祭祀で用いる机である「示」の異体（亍）と両手を前に伸ばした人である「丮《けき》」から成る文字であるが、その異体字に「」という形がある。これは、供物を載せた机を片手に持っている様子であり、このことから「示」は片手で持てるほど小さな机であり、それを供物ごと持ち上げ、神に捧げる儀礼に使ったことが分かる。つまり、昜（）や泉（）では、持ち上げることから連想して、上昇を象徴するものとして使用されたのである。

ここで例示したように、会意文字などにおける使われ方からも、字形の成り立ちを判断できる場合がある。個別の字義や字形だけでは字源が特定できなくても、複数の文字を比較することで字源が判明する場合もあるので、分析は一面だけから行うのではなく、多くの方法を試すことが重要なのである。

多数の用例を集める

字義から字源を分析する方法としては、ここまでに述べたような文意からの判断や字形の比較だけではなく、多数の文章を集め、その用法から総合的に判断するというものもある。加藤・藤堂・白川らが研究していた時代には、それは非常に手間のかかる作業であったが、その後、便利な索引や字典が出版され、現在では比較的容易に多数の用例を集めることができる。

そのための資料として、甲骨文字については前述のように『殷墟甲骨刻辞類纂』が使いやすい。また、金文については、最も大部の拓本集である『殷周金文集成《いんしゅうきんぶんしゅうせい》』に対する索引である『殷《いん》周金文集成引得《しゅうきんぶんしゅうせいいんとく》』が有用であるが、これは明朝体のフォントしか使用していないため、字形を見る場合には前者を参照する必要がある。そのほか、金文の拓本を文字単位で抽出したものとして『金文大字典《きんぶんだいじてん》』や『新金文編《しんきんぶんぺん》』がある。

なお、多くの用例を集めるという分析方法は、最も古い資料の字義を重視し、その中で字形と矛盾がないものを原義と見なすことを基本とするので、一種の消去法であり、決定的な証拠がない場合に便宜的に用いるものにすぎない。また、資料の中で原義での用法が全くない文字もあり、この場合は使用が不可能である。

このように、用例の収集はどちらかと言えば字源研究においては消極的な方法であるが、網羅的に資料を集めるため、かつての字源説について論拠の有無を示すためには有効な場合が多い。

例えば、動物の一種である「廌《たい》（・）」について、『説文』は「山牛に似て一角。古者《いにしえ》、訟を決するに、直ならざるに触れしむ」としている。「山牛」がどのような獣を指すのかは分からないが、いずれにせよ神判の際に用いる獣という解釈である。また、加藤は鹿に似た獣とし（法（灋）の項で言及）、藤堂は「鹿と馬のあいの子のような珍獣」とし、白川は神判に用いる羊とする。

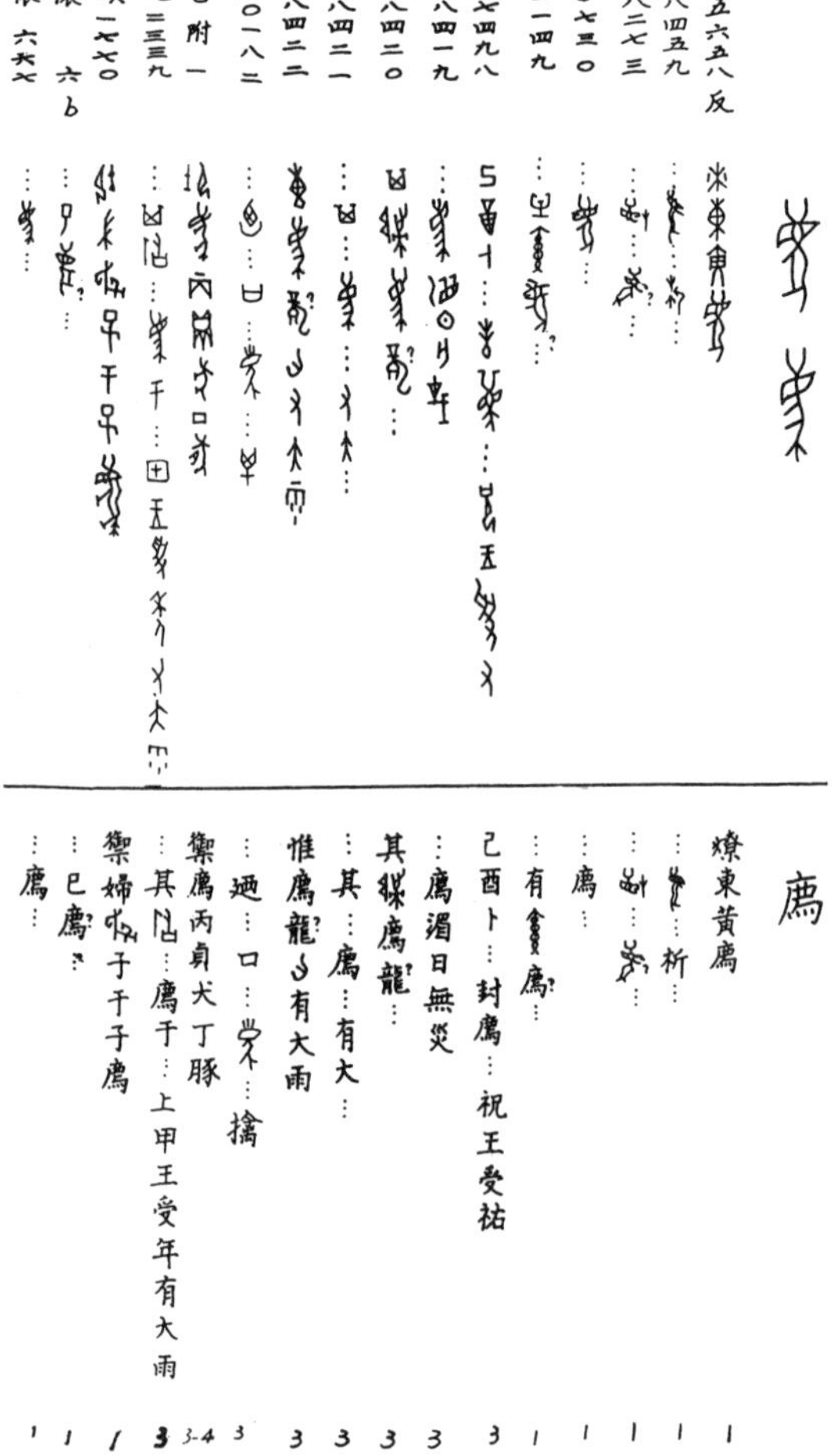

図表31　廌の用例一覧（『殷墟甲骨刻辞類纂』632～633頁。下部の数字は製作時期）

「廌」について、甲骨文字の用例を集めたものを図表31に挙げた。まず字形について言えば、いずれも二本の角を表現しており、『説文』が言う「一角」ではないことが確かである。

また、字義から言えば、「廌」には人名や地名としての用法も見られるが、獣名として用いられている場合には、すべて祭祀の犠牲であり、「神判」に用いられたものは全くない。例えば、図中で最初に挙げられた文章は、「東（東の方角の神格）に燎（祭祀名）するに黄廌もちいんか」である。

このように、いずれの用例でも廌は「神判」とは関係がないので、神判に用いる獣とする説は、少なくとも根拠が全くないということになる。ちなみに、金文でも廌は人名の用例だけであり、やはり神判に用いる記述はない。

甲骨文字や金文の記述からは、廌がどの種類の動物かを特定することはできないが、殷代に祭祀犠牲にされたのは家畜であり、鹿などの野生動物は用いられなかった。また、甲骨文字で祭祀犠牲として記された廌は、牛や羊に比べて極端に数が少ない。したがって、字源としては「角が二本あり、あまり飼われていなかった家畜」と推定できる。

なお、廌の字源を「山羊《やぎ》」とする説があり、誤写によって現存版本の『説文』で「山牛」になったとすれば整合的な解釈ができる。しかし、甲骨文字の字形には、象（ ）や馬（ ）と同様に毛のある長い尾を表現した形（ ）があり、一方で山羊は一般に尾が短いので、この説も積極的には支持できない。

このように、「廌」の字源は神判に用いる獣ではないことが判明した。しかし、殷代には呪術儀礼が盛んに行われており、それと関係した字義が見られる文字もある。そうした場合にも、一

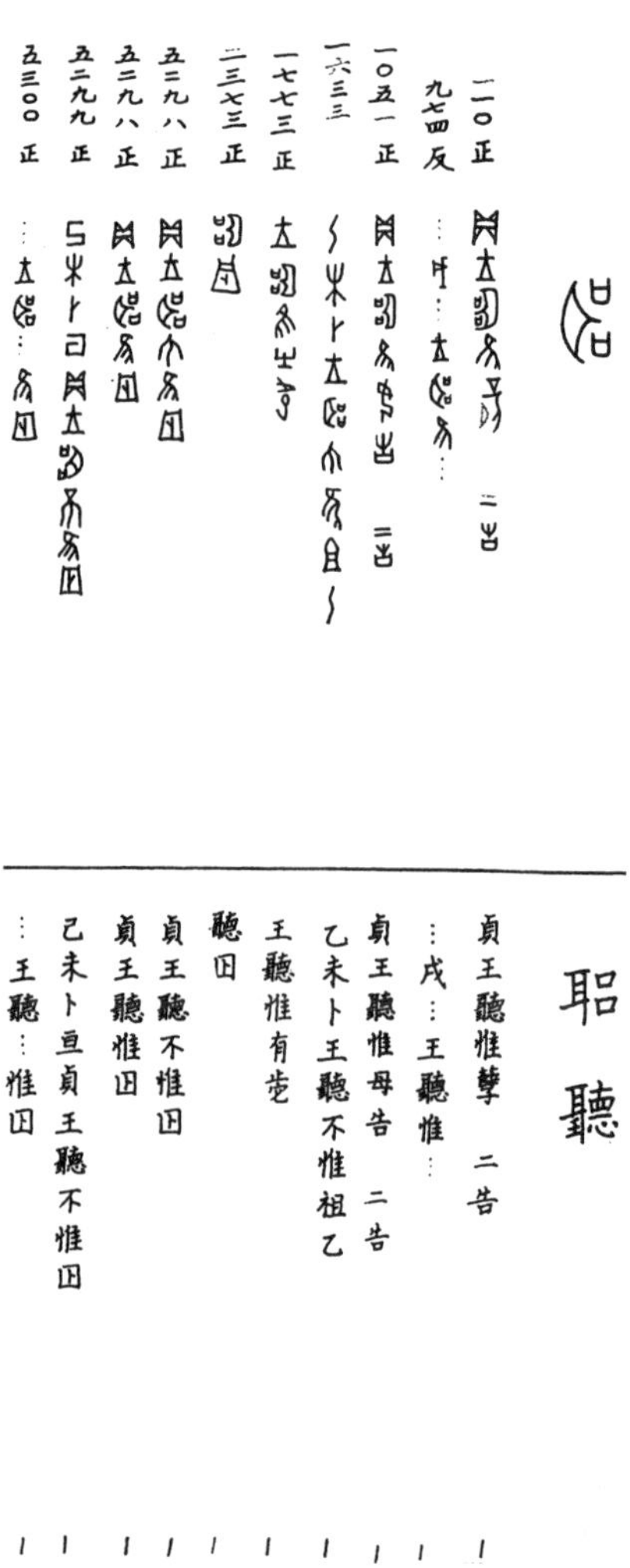

聑 聽
二〇正 貞王聽惟孽 二告
九七四反 …戌…王聽惟…
一〇五一正 貞王聽惟母告 二告
一六三三 乙未卜王聽不惟祖乙
一七七三正 王聽惟有祟
二三七三正 聽囚
五二九八正 貞王聽不惟囚
五二九八正 貞王聽惟囚
五二九九正 乙未卜亘貞王聽不惟囚
五三〇〇正 …王聽…惟囚

図表32　聴の用例の一部（『殷墟甲骨刻辞類纂』237頁）

例だけでは判断が難しいが、多数の用例を集めることで分析が可能になる。

例えば、聴（）は初文が耳（）と口（）から成り、異体字には口を二つにしたもの（）や耳の下部に人（）を加えたもの（）などがある。後に、「」のうち人（）が発音を表す「壬《てい》」に変化し、耳・口・壬をあわせた字形が「聖」である。さらに「聖」のうち「口」の部分が声符の「悳《とく》（悳）」に置き換えられて「聽」の字形が作られた。新字体は重複する声符である「壬」の部分を省略し、また悳の横画を減らした俗字である。

この文字について、中国の研究者は口（）が発した言葉を耳（）で聴くこととする説を有力視している。これに対し、日本では、加藤・藤堂は初文に「⿰耳𠙵」があることに気づかなかったが、白川は「神の声を聞き、その意を聡《さと》る意」とした。つまり、「𠙵」を「くち」ではなく祭器の「𠙵《さい》」とし、神意を聴くことを原義としたのである。

そして、甲骨文字の用例を見ると、「貞う、王、聴くは、惟《こ》れ⿴囗卜あらざるか」（『甲骨文合集』五二九八）のように凶兆として記されており、「⿴囗卜」（禍の初文か）や「壱」（祟りの意味）などの災厄を導くものとされている（そのほかの用例は図表32を参照。聴は用例が多いので一部だけを掲載した）。甲骨文字には具体的に何を聴いたのかという記述はないが、用例から見て、「聴」を呪術的な起源をもつ文字とする説には一定の論拠があることになる。

また、「聖」の字形は、西周金文では家系を顕彰する文字として用いられており、やはり何らかの信仰に関係すると考えられている。「聖」の原義について、加藤は「神の声を聞くと称する宗教人」とし、藤堂は「神意をズバリと耳で聴きあてる人」（『漢字語源辞典』四六七頁）と解釈し、白川は「耳をすませて神の応答するところ、啓示するところを聴くこと」とする。

もっとも、甲骨文字は現存最古の漢字資料であるが、すでに原義では使われていない文字もあるので、本来は口（𠙵）が発した言葉を耳（耳）で聞くことを表した文字が、呪術用語に転用された可能性も否定はできない。したがって、「聴」の字源を確定するためには、さらに古い資料の発見か、あるいは殷代の字音を復元し、そこから分析することが必要になるだろう。

このように、多くの用例を集めることで、字源についておおよその見通しを立てることができる。前述のように、この方法は決定的な証拠にはならない場合も多いが、古い研究を検証するうえでは重要な方法なのである。

データベースの製作

甲骨文字の用例は、索引である『殷墟卜辞綜類』や『殷墟甲骨刻辞類纂』によって過半を一覧することができるが、分析を確実にするためには、より多くの用例を集めた方がよい。

しかし、『殷墟甲骨刻辞類纂』の出版以後も、『甲骨文合集補編《こうこつぶんがっしゅうほへん》』や『殷墟花園荘東地甲骨《いんきょかえんそうとうちこうこつ》』など多くの拓本集が出版されており、しかも索引を付していないものが少なくない。こうした拓本集から用例をすべて集めるのは非常に手間がかかる。また、『殷墟卜辞綜類』や『殷墟甲骨刻辞類纂』は、用例の多い文字を抄録《しょうろく》にしており、そのほか若干の遺漏《いろう》や誤読も見られる。

そこで、効率的に用例を集める方法として、コンピュータでデータベースを製作し、そこから機械的に検索するという方法が考えられる。現在、筆者はそれを製作中であり、開発中の画面を図表33に掲載した。

今のところは拓本集のうちごく一部であるが、最終的には公開されたすべての甲骨文字をデータ化する計画である。なお、図中データのタイトル行のうち、冒頭の小文字は甲骨文字の製作時期と製作者集団を表している。その後のアルファベットは拓本集であり、仮に『天理大学附属天理参考館　甲骨文字』を「V」、『英国所蔵甲骨集』を「D」としている。

デジタルデータベースの利点は、きわめて短時間で検索ができ、また遺漏がないという所にある。図では「省（）」を検索対象にしているが、元のデータに入力の間違いがない限り、すべての用例を検出することができる。前述のように、殷代には、「省」は支配下の土地や財物を対象とした視察の意味で用いられており、図中の例でも呪術的な行為としては記されていない。

さらに、デジタルデータは更新が容易であり、仮に入力の間違いがあっても、新しいデータをアップロードするだけで情報を入れ換えることができる。もちろん、紙媒体の出版物にも長所はあるが、一旦出版してしまうと書き換えはできず、正誤表を発行したり、再版の際に修正したりすることが限度である。こうした情報更新の容易さもデータベースの利点と言える。

ただし、デジタルデータベースには弱点もあり、そのひとつが表示できる字形数の限界である。筆者が製作しているデータベースは、本書の甲骨文字と同じく自作のフォントで表示しており、

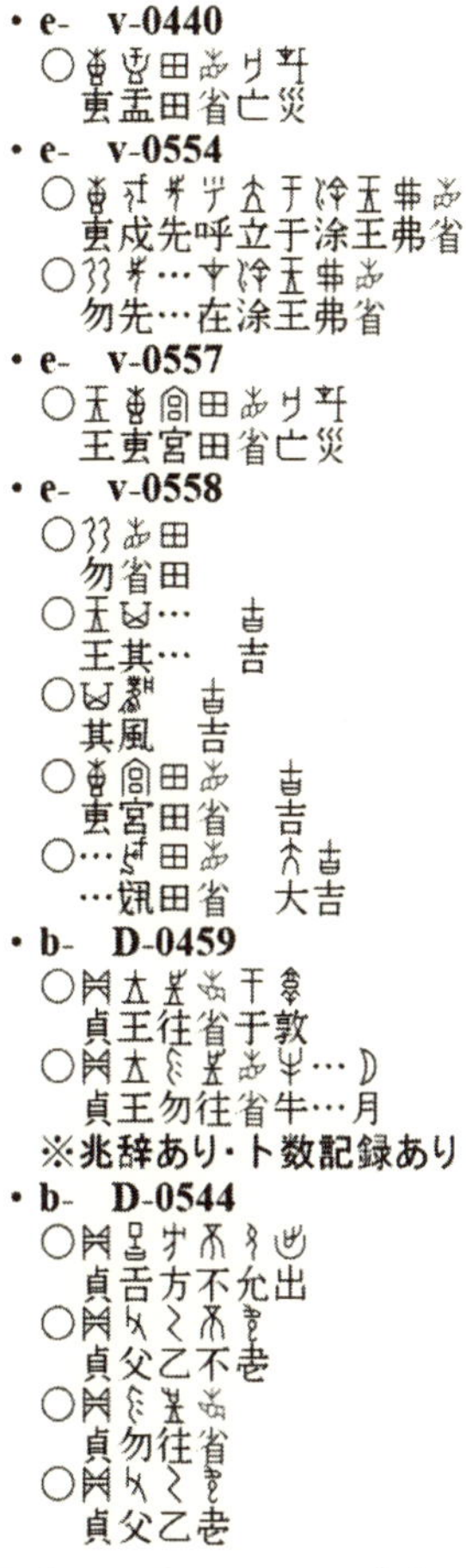

図表33　データベースの検索画面（開発中のもの。URLは巻末参照。検索対象は「省（）」）

フォントファイルごとに異体字を作っているが、その数には限界がある。今のところ左右反転字を含めて三十あまりのフォントファイルを用いているが、最大でもその数しか字形を表現できないため、それよりも多くの異体字がある文字については近似の形によって表示せざるを得ない。

　さらに言えば、甲骨文字は手作業で彫刻されたものであり、すべての文字の形に少しずつ違いがある。そうした微細な違いはデータベース上では全く表現できないのであり、字体の研究などには有効とは言えない。したがって、甲骨文字のデータベースは、字義に基づく字源研究や歴史研究に使用することが中心となるだろう。

　なお、この問題については、拓本集の文字を画像データとして取り込み、それをテキストデータと対応させれば、非常に手間はかかるが個々の字形を表示させることが可能である。ただし、その場合でも文字の大きさや並び方などは再現が難しいので、やはり字体の研究をするならば、元の拓本を見ることが最適である。

　また、データベースの問題としては、同じ字形でも字釈が異なれば一括して検索できないという点も挙げられる。例えば、甲骨文字の「子（）」は子供の象形であるが、十二支の「子」は別の形であり、「」や「」が用いられている（子供の頭部と言われる）。しかも、殷代には十二支の「巳」として「」の字形を用いており、楷書と甲骨文字の間では字形と字義に食い違いが生じている。

　一応、筆者が製作しているデータベースでは、いわゆる「ａｎｄ検索」や「ｏｒ検索」を可能にしているので、「吇」やその異体字を検索したい場合には、「ｏｒ検索」を指定して「子」と「巳」を入力すれば「吇」の字形がすべて検出できる。ただし、「凷」や「兇」も検出してしまうので、確認作業が煩雑になることは避けられない。

このように、字釈（字義）に基づいたデータベースは、字形ごとの検索が難しいという欠点が生じる。逆に、隷定（字形）を元にしてデータベースを作製した場合には、当然、字義による検索が難しくなるので、結局のところ万能な方法はないのである。

そのほか、前掲の図のように、今のところはデータ表示が甲骨文字とそれに対応する楷書だけであり、いわゆる「白文《はくぶん》」の状態である。このままでは、ある程度の甲骨文字や漢文の知識がなければ使いこなせないという難しさもある。この問題については、将来的には訓読や日本語訳も付したいと考えている。

字義からの研究の限界

本章では、字義を元にして字源を分析する方法について解説した。すでに述べたように、この方法は、文章または文字の中で原義の用法があることが前提条件となる。しかし、甲骨文字では固有名詞に転用されたものも多く、原義では使われていない文字が少なくない。

その場合には字義からの分析ができないので、字形からの分析が主な方法となり、複数の文字を比較したり考古学遺物と対比するなどして字源を判断することになる。さらに、原義での用例

白《伯》  楽（樂）  柏  百 

がないだけではなく、字形についても原初の形が変化したり簡略化が進んでいて字源の手がかりがない場合には、分析がきわめて困難になる。これに該当する文字の代表例が「白（）」である。「白」の字源について、許慎は「入に従い二を合わせる。二は陰の数なり」とし、陰陽五行説から解釈するが、甲骨文字の字形は「入（∧）」や「二（二）」とは異なる。

また、現代の学説では、郭沫若が派生字の「伯（領主を意味し、後に諸侯の長を指す）」を原義として親指の象形とし、加藤はこれを採る。そのほか、白川は字源を「頭顱《とうろ》」とし、「偉大な指導者や強敵の首は、髑髏《どくろ》として保存される」と解釈する。しかし、甲骨文字では、単独ではもちろんのこと、会意文字でも「親指」や「髑髏」の意味で「」を使用したものはなく、いずれも根拠に乏しい。ちなみに、考古学的に見ても、古代中国では指導者の頭骨を保存した例は確認されていない（頭部の切断はむしろ奴隷の祭祀犠牲に見られる）。

これに対し、藤堂は字源を「どんぐり状の実を描いた象形文字」とし、その「しろい中みを示す」ことと解釈する。そして、その論拠として楽（）や柏（）に「白（）」が含まれることを挙げている。藤堂は、楽（樂）をドングリの実をつける櫟《くぬぎ》の初文とし、音楽の意味に用いたのは「仮借的な用法」（『漢字語源辞典』二七五頁）とする。また「中国ではクヌギ（櫟）のことも柏という」（同四三一頁）として柏も同様の成り立ちと見なす。

このように、「〓」は「木（〓）」とともに用いられる例があり、藤堂説には一定の論拠が認められる。しかし、「柏」は「白」と発音が近く（藤堂はそれぞれ上古音を［pak］［bak］と復元）、純粋な声符として使われた可能性もある。あるいは意符として使用され、もとは「白（〓）い木（〓）」を表していたのかもしれない。

楽についても、甲骨文字では「〓」を使わない「〓」の字形が多く、「〓」の形は少ないので、白（〓）を声符として増し加えた繁文の可能性がある。「楽」と「白」は上古音での「部」は異なるが、いずれも［-k］で終わる発音であり（藤堂はそれぞれ［nglɔk］［bak］と復元）、殷代には同音か近い発音であった可能性も否定できない。

なお、筆者は「〓」を用いた字形として注目すべきは「百」であると考えている。百（〓）は白（〓）を仮借して一（二）を加えた合文を起源としており、甲骨文字では「〓」の字形が多いが、そのほかにも「〓」「〓」「〓」などの異体字が見られる。これまでの字源研究では「〓」の形だけから字源が分析されていたが、詳細に記された「〓」や「〓」などの方が白の字源に近く、「〓」はそれが簡略化された字形と考えるべきだろう。

したがって、「〓」や「〓」などにも整合的な説明が必要であるが、この点から言えば、甲骨文字や金文の「柏」や「楽」には、「〓」や「〓」の形を用いた例はなく、ドングリを字源とする説を補強するような資料はない。しかし、逆に「〓」や「〓」を用いた文字が「百」以外にないので、ドングリではないことも証明できない。

結局のところ、「白」の字源については、現状では確実に原義で用いられたと言える例がないため、論証に足る資料がないのである。

このように、字義からの字源研究には限界がある。しかし、字義も字形・字音と同様に漢字の要素のひとつなのであり、字源研究においては、単独の要素だけを用いるのではなく、多くの方法を併用することが重要であることは間違いない。

第七章

最新の成果

字源研究の一般原則

ここまでに述べてきたように、加藤・藤堂・白川など、過去の字源研究には誤解や曲解がかなり多かった。しかし、加藤や藤堂の研究は今から半世紀ほども前のものであり、白川の研究も『字統』が出版されてからほぼ三十年になる。研究は人間が行うものであるから、完璧なものは存在せず、古い研究に誤りがあるのは当たり前のことである。

これは古代文字の研究に限ったことではなく、どのような分野の学術でも、絶えず誤りを発見し、訂正していくことが必要とされる。したがって、今もなお字源の解釈に多くの誤りが残っていることは、何十年も前の研究者だけの責任ではなく、その後の学界の責任でもあると言えるだろう。

ところで、筆者は学生のころから甲骨文字や金文を研究材料にしていたが、研究の対象は殷代の政治史が中心であった。歴史研究においては、字義が明らかになれば資料を扱うことができるので、漢字の成り立ちについては正直なところあまり関心がなかったのである。

しかし、政治史の研究が数年前に一段落し、次の研究対象を探していたころ、他分野の研究者や出版社の編集者と話をする機会があったのだが、漢字の字源について高い関心を持っている方が多かった。そこで、本格的に過去の字源研究について調査を始めたのであるが、その誤りの多さには驚くほどであった。また、整理された古代文字の資料がほとんど活用されていないことや、過去の研究に対する検証が行われていないことなども分かってきた。

こうしたわけで、ここ数年は、筆者は漢字の字源を中心にして研究を行っている。本章では、筆者がこれまでに獲得した字源研究の成果から、いくつかを取り上げて解説し、また旧説の誤りを指摘する。ただし、それはかつての研究を完全に否定することが目的ではない。正しいものを継承し、誤りを訂正することが学術なのであり、数十年にわたる字源研究の空白を取り戻すために必要な作業なのである。

そこで、まずは字源研究の一般原則について述べておきたい。以下は、本書の第四章から第六章の再確認である。

漢字が持つ要素には、字形・字音・字義の三者があるが、字源研究において最も重視されるべきは字形である。その理由は、殷代の甲骨文字や西周代の金文など、当時のものがそのまま残っているからであり、一次資料が存在することは研究上で非常に重要なことである。また、そもそも字源研究とは字形の成り立ちの研究であるから、字形が重視されるのは当然である。

字形の次に重要なのは字義であり、字音は最も重要度が低い。現状では殷代の発音が全く判明しておらず、周代の上古音すら確定していないため、字源研究では字音は参考程度にしかならないのである。ただし今後、上古音が確定し、さらに殷代の発音が研究できるようになれば、字義と字音の序列は入れ替わるかもしれない。

そして、いずれの要素も、より古い資料を重視しなければならない。それぞれの漢字の要素は固定的ではなく、字形・字義・字音のすべてが時代によって変化しているので、最も原初に近いものが起源の研究では重要になるのである。

ただし、現存最古の漢字資料は甲骨文字であるが、第一章や第五章でも述べたように、漢字にはそれ以前に少なくとも数百年の歴史がある。したがって、甲骨文字からの研究が万能というわけでもなく、必要に応じて後代の字形や字義も参照しなければならない。

次に個別の要素について再確認する。字形からの分析においては、単独の文字から判断するだけではなく、複数の文字を対象として組み合わせを比較することも重要である。また、古代文明の遺跡や遺物と対比することも有効である。

なお、殷代には呪術儀礼が盛んに行われ、それを元にした文字も多いが、白川静の研究のように無前提に呪術と結びつけることはできない。最低限、甲骨文字の中で祭祀などを意味して用いられているか、字形が呪術儀礼の様子を表していると判断できなければならない。

字義から字源を分析する場合には、文章あるいは文字の中でその形が原義で使われていることが前提条件になる。漢字は時代が下ると多義化する傾向があり、甲骨文字の段階ですでに原義の用法がない文字も少なくないため、字義からの字源研究ができない場合もある。

字音について言えば、「上古音」は周代以降の発音であるため、殷代にすでに出現していた文字についてはあまり有効ではない。しかも、研究者によって上古音の復元に大きな差がある文字も少なくないので、周代に作られた文字ですら字源分析において字音が役に立たない場合がある。

まして加藤常賢のように、日本の漢音（中古音を簡略化したもの）から分析する方法は、字源の研究として意味をなさない。

また、藤堂明保は復元した上古音をグループ化し、その「イメージ」から字源研究を試みたが、漢字には同音異義が多いので、この方法もあまり有効とは言えない。字音は、漢字の成り立ちと関係がある場合も見られるが、万能視はできないのである。

以上のような字源研究の一般原則をまとめると、次のようになる。

①優先順位は、当面は字形―字義―字音の順が基本となる。
②各要素とも時代差を考慮し、より古い資料を重視する。
③字形については、単独の文字だけから分析するのではなく、複数の文字を比較したり、考古学情報を参照することも重要である。
④字義から分析する場合には、文章や文字の中で原義で使用されていることが前提になる。
⑤字音については、上古音すら確定していないので、現状では参考資料にしかならない。また字音の共通点から「イメージ」を導き出す方法もあまり有効ではない。

なお、本章では旧説として七つの字典・辞典から字源説を引用する。そのうち四書はここまでに取り上げたものであり、後漢代に許慎が著した『説文解字』（『説文』）、加藤常賢の『漢字の起原』、藤堂明保の『学研　漢和大字典』、および白川静の『字統』である。

そのほか、日本で最も普及している漢和辞典である『角川　新字源』を参照する（以下、『新字源』と略す）。なお、『新字源』の編者は小《お》川《がわ》環樹《たまき》・西《にし》田《だ》太《た》一郎《いちろう》・赤《あか》塚《つか》忠《きよし》の三名であるが、古代文字を専門とする赤塚忠が字源の解説を担当している。また、『漢語林』のシリーズを製作した鎌《かま》田正《たただし》・米山寅太郎《よねやまとらたろう》も有名であり、彼らは現時点で世界最大の漢和辞典である諸橋轍次《もろはしてつじ》『大漢和辞典』の修訂も担当している（字源説の引用は『新漢語林』を使用する）。そして、近年では中国でも字源を解説した書籍が多く出版されているが、その中でも最新であり、また最も大部の『字源』（李《り》学勤《がくきん》主編）を参照する。

「求」の字源

まずは求（）の字源について述べる。この文字について、『説文』は直接的に字源への言及をしていないが、加藤・藤堂・白川はいずれも毛皮の象形とし、『新字源』『新漢語林』『字源』も同様の説である。

しかし、甲骨文字では、毛皮は「」の形で表示されており、これは衣服（襟《えり》の部分）の象形である衣（）に毛を表す短線を加えた形である。後に、西周金文で声符として「求」を増し加えた繁文になり、さらに「」の形が「衣（）」に変えられ、結果として衣を意符、求を声符とする「裘《きゅう》」が毛皮を意味する形声文字として作られた。

それでは、なぜ求（）が毛皮と誤解されたのだろうか。その原因は、『説文』には「求」の項がないが、「裘」の項で戦国時代の古文として求だけの字形を掲載しており、それが裘の初文と見なされたからである（図表34参照）。

ただし、許慎は文中で裘を「衣に従い求の声」としており、「求」の部分を純粋な声符としている。また「古文は衣を省く」としているので、古文についても、あくまで声符のみの用法、つまり仮借と見なしているのである。結局のところ、求の字源を毛皮とするのは、現代の研究者による誤解ということになる。

それでは、「求（）」は何が字源なのだろうか。それを字形の組み合わせから明らかにするために、「」を用いた甲骨文字を図表35に挙げた。

このうち、右から五番目の「奏（）」は、「」と両手の形（）から成り、甲骨文字では祭祀で供物を捧げる意味で用いられている。したがって、「」は祭祀に用いる物品であり、かつ手で持てる大きさのものということになる。

皮衣也从衣求聲一曰象形與衰同意凡裘之屬皆从裘 巨鳩切 古文省衣

図表34『説文解字』の「裘」の項

図表35　求（）を含む甲骨文字（『殷墟甲骨刻辞類纂』部首検索13頁）

芸（藝）〈埶〉　丰《邦・封》

そして、右から七番目の「」という文字は、「」を両手（）で持って土（）に植える様子を表している。つまり、求（）の字源は植物の象形であり、根の部分を強調したものだったのである。「」の字形は後代に残っていないが、仮に奏と同源の「奉」としておく（「捧」は「奉」に意符として手（てへん）を加えた派生字である）。

殷代には、植物を用いた儀礼が行われており、例えば芸（藝）は初文が埶（正確には埶）であり、座った人が植物を捧げ持っている儀礼の様子を表している。したがって、植物の象形である「」についても、祭祀儀礼から転じて神の祐助を求める意味に用いられたと考えるのが妥当である。

なお、植物を土に植えた後の状態は「丰《ほう》」であり、甲骨文字には「」や「」などの字形がある。殷代や周代には、儀礼としてだけではなく、領域の境界にも植物を植えて標識としており、そこから繁文化して、領主国家を表す「邦」や領主の封建を意味する「封」に分化した。

先ほど「」の字形を奏と同源の「奉」としたが、「奉」は「丰」「邦」「封」と上古音が近く、藤堂の復元では順に[biung][piung][pung][piung]となる（郭

錫良『漢字古音手冊』の復元でも［biuong］［piuong］［peong］［piuong］と近い）。つまり、「植物を植えること」と「植物を植えた状態」は、字音の起源に関連があったと推定されるのであり、「」は字形としては失われたが、字音としては「奉」に継承されたと考えられる。

　このように、求（）の字源が祭祀に用いる植物であることを明らかにできた。一方、語源という点から見た場合には、おそらく「」と「もとめる」は直接には関係がないだろう。第一章の図表1で示したように、新石器時代の陶器にも、人面のようなものや魚などが描かれており、それらは当時の信仰対象であると考えられている。つまり、人々は文字を作るよりもはるか以前から神に祐助を求めていたのである。

　したがって、「」が求めることを表したのではなく、それとは逆に、求めることを意味する既存の言葉があり、その象徴として「」を使用したことになる。つまり、求（）は字源と語源が異なる文字なのである。

　そのため、「」の形から言葉の起源を考えることはできないので、語源については別に分析が必要である。藤堂は「毛皮はからだに引き締めるようにしてまといつけるので、離れたり散ったりしないように、ぐいと引き締めること」が求の語源とするが、前述のように求の字源を毛皮とする前提が誤りなので、その考察にはあまり意味がない。今後、求の語源を分析するのであれば、純粋に字音だけから考えなければならないだろう。

「西」の字源

抽象的な概念については、象形や会意などで表すことが難しいため、仮借が用いられることが多い。方角はそうした語彙の代表であり、いずれも仮借で表現されているが、その中でも西（）は諸説あってこれまで字源が明らかにされていなかった。

許慎は「鳥の巣上に在るなり」とするが、甲骨文字の字形には、鳥の象形である鳥（）や隹（）は含まれていないので、これは明らかに誤りである。

日本では、籠とする説が有力であり、加藤は「竹を編んで作った籠」とし、また、藤堂は「ざる・かごを描いた象形文字」とし、白川は「荒目《あらめ》の籠《かご》の形」とする。『新字源』や『新漢語林』も同様の解釈である。

しかし、これらの説は「」の字形のみから分析したものである。甲骨文字では、「西」の意味に「」の形を用いることが多いが、異体字に「」「」「」などの形もある。例えば、殷王朝の西の領域は「西土」と呼ばれたが、甲骨文字の表記では、「」のほか「」なども使用されている。しかも、「」の形が西周金文に継承され、これが楷書の「西」の原型になったのである。そこで、まずは「」の系統について成り立ちを明らかにしたい。

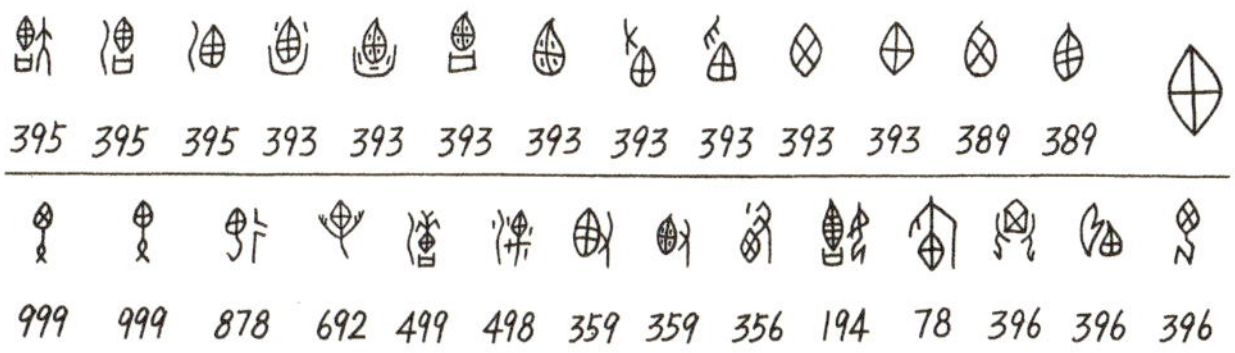

図表36　「⊗」や「⊕」を含む甲骨文字（『殷墟甲骨刻辞類纂』部首検索9頁）

鹵

酒

図表36に、甲骨文字の「西」の字形のうち、「⊗」や「⊕」を用いた文字を挙げた。この中では、「⊕」に最も近い字形として上段の右から七番目に「鹵《ろ》（⊕）」が見える。

「鹵」に声符の「監」を増し加えたものが塩（鹽）であり、鹵は塩の初文にあたる。許慎は、鹵について「西方の鹹《かん》地なり。塩の形に象《かたど》る」とするが、どのような状態の塩であるかを述べていない。

これに対し、加藤は「塩が籠《かご》の中にある形象」とし、藤堂は「塩分を含んだ土地」で「点々とアルカリのふき出たさま」とし、白川は「塩を入れる籠状《かごじょう》の器に、塩を盛った形」とする。また、『新字源』は「物に包んだ岩塩の形」、『新漢語林』は「袋に包んだ岩塩の象形」、『字源』は塩を容器中に盛った形とする。

このように、藤堂が『説文』の「鹹地」とした部分を字源に誤った（実際は字義の解説）のを除いて、いずれも何らかの入れ物に塩を入れた状態と解釈している。つまり、小点が塩を表し、「⊕」の部分は入れ物の形ということになる。

東  重  量   畜  灤 

「」と「」が関連することは、「迺《だい》」の字形にも表れている。甲骨文字の段階では、「迺」の字形は穴を表す凵《かん》（）や器物の曰《さい》（）の上に「西（）」を置いた形の「」や「」などであり、後に下部を辵《ちゃく》（）に変えた「迺」（または廴《いん》に変えた「廼」）の形になった。そして、甲骨文字にはその異体字として「」や「」があり、「」と「」が意味上で通用することを示している。

そこで、類似する字形を比較すると、「」と同様に格子状の模様を内包する楕円形を用いた文字に、西と同じく方角を意味する「東（）」があり、これは筒状の袋の両端を縛った形であることが明らかになっている。

例えば、人（）が重い袋を持った様子を表した形が重（）であり、後に下部に「土」が付され、人・東・土を合わせて「重」の字形になった。また、量（）は計量する袋の口の部分を強調したものであり、異体字の「」が後代に継承され、さらに下部に「土」が付され、日・東・土を合わせて「量」の形になった。

このように、東（）が両側が開く袋の象形なので、西（）については片側が開く袋と推定される。これと関係するのが畜（）の字形であり、西周金文以降に下部が「田」に簡略化されたため、許慎だけではなく現代の多くの研究者も「田」の部首として誤解しているが、甲骨文字

の字形は、下部が塩の初文の鹵（）に近く、上部は紐の象形である午（）である（畜においては「玄」の形に分化した）。つまり、畜（）の字源は袋の口を紐でかたく縛り、塩を蓄えた状態ということになる。

したがって、「」の系統の字形は片側が開く袋であり、かつ口を紐で縛るものであるから、巾着袋《きんちゃくぶくろ》のようなものが字源であると考えられる。

それでは、もう一方の「」の字形は何を字源としているのだろうか。方角を表す文字は仮借の用法であるから、発音が偶然一致したという理由で全く別の物体を表す文字が併用された可能性も否定はできないが、「」と「」は格子状の模様を共有しており、字形の類似から同一物と考えるのが自然である。そして、同一のものという前提で解釈すれば、「」は巾着袋の口を縛った状態であるから、「」は口が開いた状態の巾着袋ということになる。

以上のように、「西（・）」の字源が巾着袋のようなものであることが推定できた。一方、「西」の語源については、藤堂は「こまかく分かれる」の単語家族とし、「ザルの中に物を入れて水を注ぐと、水は分散してザルのメから流れ出る」（『漢字語源辞典』七六二頁）とするが、「西」は塩のようなものでも蓄えられる目の細かい袋が字源であるから、この解釈は誤りであり、今後新たな分析が必要である。

また、中国で出版された『字源』だけは、「」の字源を鳥の巣とする。その理由は、許慎の解釈だけではなく、「巣（巣）」の字形が木（）の上に「」を用いていることも根拠とされて

いる。甲骨文字には、「巣」は単独では見えないが、河川名の「㵿」（）の旁にその形が使われている（㵿は亡失字）。しかし、「」を鳥の巣の意味に用いた文字は他にないので、鳥の巣を「巾着袋の口を開けたような形」として表現したと考えるのが妥当である（「巣」の字形で比喩的に西（）が用いられていることは、すでに藤堂などが指摘している）。

「主」の字形と字義

次は「主」について分析する。許慎は字源を鐙《とう》（油の皿）の中の火とし、現代の研究者も燭《しょ》台《くだい》の火や蠟燭《ろうそく》の象形とする（『字源』だけは誤って示（）と関連させて字源を解釈している）。

しかし、甲骨文字の段階では「」や「」の字形が用いられており、下部が「木（）」に近い形をしている。したがって、鐙や燭台などの火ではなく、松明《たいまつ》の火が字源ということになる。小点の部分が火であることは、それを火（）に変えた異体字（）からも明らかである。

なお、木（）は立ち木の象形であるが、もちろん立ち木に火をつけたわけではなく、松明の材質が木であることを示しただけである。篆書では「」の字形になるが、これはおそらく後代に燭台や蠟燭が普及したためであり、甲骨文字の「」の字形から、殷代には松明が主に使用されていたと考えられる。

字源の分析としてはこれで終わりなのだが、「主」には字義の問題もあり、後代に「主人」の意味で用いられたことの理由には諸説あって明らかになっていない。

許慎はその理由について述べておらず、加藤は「火を支配するは、一家の権力者であったから」とする。また、藤堂は「燈火が燭台の上でじっと燃えるさま」から転じて「じっとひと所にとまる意」になったとし、『新漢語林』はこれを採用する。白川は「聖火を執るものの意」とし、『新字源』も同様の説である。

これらの説は火の部分だけに着目しているが、前述のように主の字源は松明である。さらに、甲骨文字の字形の組み合わせを調べると、亡失字に「」という文字がある。「」の部分は、尋（）にも使用されており、これは両手で器物に置いた物体の長さを測る様子を表した文字である。計測の対象物は抽象的に線によって表示されており、甲骨文字には器物を略した異体字（）もある。

ここから、「」は松明の長さを測っている様子と考えられる。当時は、日時計以外の時計が発明されていなかったため、おそらく夜間には松明の減り具合から時間を計ったのであろう。夜間でも、月や特徴のある星が出ていれば、その観測によって時間が分かるが、出ていなかったり曇り空であったりすれば計測できない。したがって、夜間に時間を知る方法としては、松明の長さから経過時間を計るのが適していることになる。

さらに推測を重ねると、古代においては、王や貴族の宮殿では夜間に松明すなわち主（）を

図表37　殷代の石磬（『安陽発掘』から引用）

絶やさず灯していたのではないだろうか。その結果、常夜灯が宮殿の「主人」の象徴として用いられたとすれば、整合的に解釈することができる。

これは確証のあることではなく、想像の域を出ないものだが、字源や原義が判明してはじめて引伸義についても分析が可能になるのである。字源の研究は、文字だけの問題ではなく、歴史や文化にも関係するのであり、その起点として重要な役割を持つのである。

「厂」の字源

「厂《かん》」の字源について、許慎は「山石の厓巌《がいがん》、人の居るべし」とし、崖に作られた住居の象形とする。そして現代の研究者も、この説を採用するか、あるいは崖そのものの象形と考えている。しかし、これは後代の解釈であり、甲骨文字の用法とは全く異なるのである。

結論を先に言えば、厂（□）は石（□）の初文である「□」の略体であり、「□」は楽器の一種である「石磬《せきけい》」の象形なのである。

まず、「□」が「石（□）」と同一字であることについては、甲骨文字の用語である「有石（□

〓）」（『甲骨文合集』七六九四など）から明らかにできる。甲骨文字では、「有石」の一部に「〓」（『甲骨文合集』二八一八〇など）の字形を用いており、「〓」が「〓」と通用していることから、同一字の異体であることが確かめられる。なお、「有石」は、文字通り石を用いる行為とも、仮借した「侑」の意味で祭祀名とも解釈できる。

　そして、「〓」の字源については、声（聲）の字形から判断できる。甲骨文字の声は「〓」の形であり、「声」の部分（〓）とそれを叩く撥《ばち》を持った手の形の殳《しゅ》（〓）から成っている。声は、もとは人の声ではなく楽器の音色を表しており、そして「〓」は石磬の象形である「〓」をつり下げた形なのである。

　図表37に、発掘された殷代の石磬を掲載した。向きがやや異なるが、甲骨文字の「〓」と形が似ていることが一見して分かるだろう。石磬は三角形の石製打楽器であり、また上部には紐などでつり下げるための穴が開けられている。

　さらに、声（聲）の異体字として、甲骨文字には「〓」の形がある。これはつり下げた石磬とその音色を聞く耳（〓）の異体（〓）から成り、後代に、声・殳・耳を合わせて「聲」の字形になった（新字体は「声」の部分だけを残した略体である）。ここで重要なのは、「〓」の形では「〓」の部分が「〓」に簡略化されていることであり、ここから「〓」が「〓」の略体であることが確

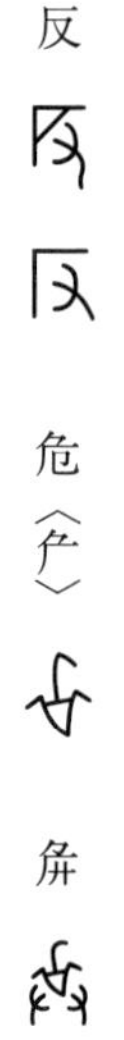

かめられる。

なお、「〓」が石磬をつり下げた形であることは、早くから羅振玉《らしんぎょく》らが指摘しており、各研究者もそれを知っているが、「〓」については加藤が矩尺《かねじゃく》の形とし、藤堂や白川は崖の形としている。旧説の問題は、字形の組み合わせから「〓」と「〓」、そして「〓」と「〓」を関連づけられなかったことにあると言える。

ちなみに、「声」以外にも、甲骨文字では反（〓）とその異体字（〓）にも「〓」と「〓」の通用が見られる。

以上のように、厂（〓）が石（〓）の初文で石磬の象形である「〓」の略体であることが明らかになった。

ところで、周代には厂（〓）が崖として解釈されたのであるが、この理由は何なのだろうか。正確な経緯を復元することは難しいが、甲骨文字の段階では崖を意味する文字が作られていなかったため、「〓」を崖の意味に転用したのではないかと思われる。

甲骨文字には危の初文の「厃（〓）」が見られ、許慎は「人の厂上に在るに従う」としており、加藤・藤堂・白川も、これに倣っていずれも厂（彼らは崖または崖の家屋と解釈する）の上に人がいる様子と解釈している。

しかし、「」の上部は人（）とは形が異なっており、下部も厂（または）の形ではない。さらに、甲骨文字には亡失字のひとつに両手（）で「」を持つ形（）があるので、「」が手で持てる物体であることは間違いなく、崖などとは関係ないことが明らかである（これは趙誠『甲骨文簡明詞典』がすでに指摘している）。

そのほかにも、甲骨文字には丘（）や山（）はあるが、崖を表示する文字が見られない。その理由は明らかではないが、殷の都は平坦な地形が多い地域に置かれたため、崖を意味する文字が必要とされなかったのかもしれない。

一方、後に王朝を建てる周は、山岳が多い西方地域を本拠にしていた。そのため、早くから崖を意味する言葉が普及していたのであろう。そして、殷を滅ぼして王朝を建てた後、すでに存在していた崖を意味する言葉に対して、形が崖のように見える厂（）を当てたのではないだろうか。この通りであれば、「」を崖の意味としたのは、周代における転用ということになる。

なお、『説文』には厂の籒文《ちゅうぶん》として声符の「干」を増し加えた「厈《かん》」の字形が掲載されている。また、これに山を加えた「岸」は、もとは河岸の崖を表していた。このように、「厈」や「岸」はいずれも上古音では「干」と同音であったが、これは当然、周代に崖の意味に転用された後の発音である。殷代の厂（または）については、石（）と通用するのであるから、発音についてもそれと同じであったと考えるのが妥当である。

「豊」と「可」の字源

四種類の成り立ちのうち、形声文字は発音を元に作られた文字であるが、字源を明らかにするためには字形からの分析も重要である。

豊（豐）の字源については、許慎は「豆の豊満なるなり」とし、「豆《たかつき》」の大きなものの象形と解釈するが、実際は、子安貝を紐でつないで束にした「朋《ほう》（丰丰）」を分割したものを声符とする形声文字であり、この点は多くの研究者が理解している。なお、旧字体の「豐」には甲骨文字の形がよく残っている。

そして、意符については、加藤・藤堂・白川のいずれも、許慎の解釈に影響されて「豆」の部首であると見なしており、『新字源』や『新漢語林』も同様の説である。しかし、甲骨文字の字形には、豆（豆）は使われていない。正解は『字源』が指摘するように「壴《ちゅ》」を意符とする文字なのである。

壴（壴）は太鼓の象形であり、下部が太鼓の部分、上部はそれを吊り下げた様子を表している。殷代の銅製の太鼓を図表38に挙げた。これは革張りの太鼓を青銅で模したものであり、実際にこれを叩いたかどうかは分からないが、上部には甲骨文字の表現に対応して吊り下げるためのフックが付けられている。

甲骨文字では、豊は祭祀名あるいは祭祀の供物として記されており、この意味では礼（禮）や醴《れい》（あまざけ）の初文にあたるが、楽器の象形を含むのであるから、字源としては音楽を用いた儀礼ということになる。

なお、甲骨文字には、声符の朋（朋）を亡（亡）に変えた異体字（豐）があり、殷代には豊・朋・亡が同じか近い発音だったことを示している。異体字には、朋の部分を崩した形（豐）もあり、これが新字体の「豊」の元になっている。

図表38　殷代の銅鼓（『泉屋博古』から引用）

ちなみに、壴の形は「鼓」にも使われているので、それが太鼓の象形であることは藤堂や白川らも気づいていたが、豊（豊）では上部の吊り下げる部分が拡大して表記されているため、その字源分析を誤ったと思われる。甲骨文字の「鼓」は、壴（壴）とそれを叩く撥を持った手の形である殳（殳）から成る字形（鼓）が多いが、殳を攴《ほく》（攴）に変えた異体字（鼓）もあり、これが後代に継承された。

「豊」の語源について、藤堂は両方から⺮型にひっつく」の単語家族とし、「両方から高坏に物をうず高く

可  河   荷〈何〉 

盛り上げた姿」（『漢字語源辞典』三二三頁）を字源とする。しかし、豆（）に食物を盛った形は、甲骨文字や金文では豊ではなく「皀《きゅう》（）」で表されており、これは明白な誤りである。

次に取り上げるのは、可（）の字源である。許慎は意符を「口」、声符を「丂《こう》」と見なし、『新字源』や『字源』もこの説を採るが、甲骨文字の段階では「口（）」の形は含まれているものの、「丁」にあたる部分は「丂（）」とは形が異なる。「丁」の部分について、加藤は萍《へい》（浮き草）の形であるとし、藤堂は屈曲を表す形とし、白川は「木の柯《えだ》」とし、『新漢語林』は「口の奥の象形」とする。

しかし、甲骨文字の字形（）はいずれとも異なっており、最も近いのは河（）の略体（）の旁の部分（）である。「河」は水（）を意符、人が荷物を持った形の何（）を声符（「荷」の初文で厳密には「仃」の形）とする形声文字であるが、甲骨文字では略体の「」がよく使われる。つまり、現存の資料から言えば、可の成り立ちは「口（）」を意符、何（）の略体の「丁（）」を声符とする形声文字である可能性が高いことになる。

なお、甲骨文字では、「可」は「よい」の意味で用いられており、後に可能などを表す助辞にも用いられるようになった。

このように、形声文字は発音によって作られた文字であるが、より古い字形が重要であることは、その字源分析でも変わらないのである。

汎用的な形

漢字には、一つの形が複数の意味に用いられる場合がある。ここまでに挙げた例で言えば、冖《べき》（）は対象を囲った状態を表す形であり、牢の初文（）では家畜の囲いとして用いられ、泉（）では水源の状態を表す形として使用されている。このような汎用的に使われる形は他にも見られ、甲骨文字で頻用されるのが丁（口）である。

丁の字源については、釘の象形でその初文とする説が有力視されており、加藤・藤堂・白川などもそれに従っている。しかし、甲骨文字や金文の段階では「口」が釘の意味で用いられることは全くなく、そもそも「釘」の文字が出現するのが篆書になってからである。

この誤解の元になったのは篆書における丁の字形（个）であり、これが釘の側面形と解釈されたためであるが、甲骨文字や金文とは大きく異なっており、ここから字源を分析することはできない。なお、十干十二支は篆書で形が変えられたものが多く、例えば紐の象形である午は「8」から「个」になり、稲妻の象形である申は「」から「」になった。

甲骨文字の字形の組み合わせを見ると、「口」の形が最も多く見られるのは、都市の象形とし

ての用法である。中国では、都市の周囲を方形の城壁で囲むことが一般的であり、これは新石器時代の末期から見られる。

例えば衛（衛）は、都市を表す「口」に四つ辻の象形で進むことを象徴する行（行）、および兵士による巡回を表す足の形（止）を加えたものであり、遠方に行って都市を護衛する意味がある。その異体字には、下部を地方や敵対勢力を表す「方（方）」に変えた異体字（衛）があり、「方」は旧字体の「衞」のうち、下部の「帀」の部分にあたる。

また、甲骨文字で都市を意味して用いられる文字は邑《ゆう》（邑）であるが、これも「口」の形を含んでおり、都市とそこに住む人を表す卩（卩）から成る会意文字である。

さらに甲骨文字では、「口」は都市だけではなく、部屋の象形としても使われており、宮（宮）は家屋を表す宀《べん》（宀）の内部に二つの「口」があり、「部屋が多くある建築物」を表している。

このように、丁（口）は四角い建造物の一般形であり、会意文字の用法において意味が限定されていないのである。

凡（凡）も同様に、複数の意味に使われる形である。許慎は篆書の字形を元に「二」と「及」から成る会意文字とするが、甲骨文字の字形とは全く異なっている。また、藤堂は「広い面積をもって全体をおおう板、または布」とし、『新字源』や『新漢語林』もこれに近い説であるが、甲骨文字にはその用法も見られない。
「〓」のひとつの用法として、加藤や白川が指摘するように、器物である「盤」の象形がある。盤の初文は般（〓）であり、手に持った道具で盤を作る様子を表している。後代に「凡」が「舟」に代わり、「攴《ほく》（〓）」が変わった「殳」と合わせて「般」になった。これに意符として「皿」を増し加えた繁文が「盤」である。

図表39　殷代の盤（『安陽郭家荘商代墓葬』から引用）

さらに、「〓」の用法はこれだけではなく、興の初文（〓）にも使われている。これは、凡（〓）に加えてそれぞれ両手の形である臼《きょく》（〓）および廾《きょう》（〓）から成る会意文字であり、二人の人が両手で「〓」を持っている様子である。しかし、図表39に殷代の青銅製の盤を挙げたが、当時としては比較的大型の盤であるものの、直径は約四〇センチメートルであり、中に何を入れたとしても二人で運ぶほどではない。

つまり、興（〓）では「〓」が盤とは別の意味で用いられており、大きな荷物を入れるものとしての用法なのである。したがって、「〓」は特定の器物ではなく、容器の一般形ということになる。ちなみに、甲骨文字では、興の異体字に凡（〓）に入れる物体として「〓」を加えた形（〓）があり、「凡」と

「口」が「同」の部分にあたる。

そのほか、桶《おけ》の象形でその初文である用（〓）にも「〓」の形が含まれており、『字源』が「凡」の字源を足の高い槃《はん》（たらい）と解釈するのはこの用法に近い。また、「〓」に類似した形として甲骨文字には宁《ちょ》（〓）が見られ、これは貯蔵庫の象形であり、中に貴重品である貝（〓）を収めた形（〓）は「貯」の初文にあたる。

今（〓）も同様に、特定の物体ではなく、蓋や屋根など上部が狭くなった覆いの一般形として用いられている。例えば、倉（〓）は、屋根である今（〓）のほか、入り口の戸（〓）と土台を表す口（〓）を合わせた会意文字である。また、食（〓）は豆《たかつき》に食物を盛った形の皀（〓）の略体（〓）に蓋である今（〓）を加えた形である。

なお、今（〓）の異体字には、覆う対象を抽象的に点で表示した字形（〓）があり、これが後代に継承されたため、加藤は「屋蓋の下に物を陰蔽した形象」とし、藤堂も「ふたで囲んでおさえた」と解釈しており、『新字源』や『新漢語林』も同様の説である。しかし、甲骨文字や金文では、覆ったり押さえたりする動詞としては用いられていない。また、『説文』は三角形の形状から「三合の形に象る」とし、『字源』は「曰《えつ》（〓）」を上下逆にした形とするが、いずれも全くの誤りである。白川は「栓のある器物の蓋《ふた》の形」とし、最も正解に近いが、これも屋根の用法を見落としている。

このように、漢字の字形には、特定の物体だけを表すのではなく、汎用的に使われる形がある。そうした形を含む文字は、分析において選択肢が広がり、字源の特定を難しくすることがあるので注意が必要である。また汎用的な形については、対象となる複数の物体のうち、いずれが語源に関係するかを特定するのが難しいという問題もある。

辛・䇂・丵・冠

漢字の歴史では、本来は別の意味を持つ形だったものが、字形の類似から同化する場合が少なくない。すでに述べたように、月（　）と肉（　）はそれぞれの象形であるが、楷書の偏としては、ほぼ同形になっている。また、甲骨文字の段階で、すでに「くち」と「祭器」が「ㅂ」の形に同化している。

同様の例として、辛（　）と䇂《けん》（　）があり、䇂は多くの会意文字で後代に辛に同化した。先に挙げた例で言えば、孼《げつ》の初文の辥《せつ》（　・　）は、甲骨文字では𠂤《たい》（　）または𡴆《げつ》（　）と䇂（　）から成る形であったが、西周金文で䇂の部分が辛に変わった。また、䇂（　）の異体である「　」（辛と隷定される）の形を用いた辟《へき》（　）も、やはり西周金文で辛が辛になった。

辛　䇂

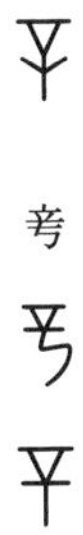

撲  丵  鑿〈斲〉  竜（龍）  競

辛と𢆉はいずれも刃物の象形であり、しかも字形が近いのであるから、同化したのは必然とも言える。ただし、甲骨文字の表現には両者に違いがあり、辛は下が刃先であり針状のものと考えられているが、𢆉は辟（）などにおいて戦争捕虜の足首を切る様子を表しているので、下が刃先であることは同じであるが、人の足首を切断できるほど大きな刃物ということになる。

さらに、撲の初文である「」では、「菐」の部分（）が「」の下部を両手（）で持っている状態を表しているので、この文字では上が刃先と認識されており、幅の広い刃物となる。どちらの表現が字源に近いのかは、現状の資料では確実な証明はできないが、あるいは殷代にも複数の解釈が並行して存在したのかもしれない。

甲骨文字には、辛や𢆉に近い形として、細い鑿《のみ》の象形（）があり、これは「丵《さく》」である。例えば、「鑿」の初文は「」を用いて物体を穿つ形（）であり、「丵」と穿たれた物体の「臼」、および槌《つち》を持つ手の「殳」を合わせて「斲」の部分になる。

また、高貴な存在であることを象徴する冠の形（）もそれらに形が近く、例えば竜（龍）は神格化された蛇であり、甲骨文字では蛇の側面形に「」を加えた形（）であるが、西周金文（）では冠の形が「辛」になっている（第一章の図表8を参照。後に「立」の形になった）。

このように、辛・𢆉・丵および冠の形の四者は字形が近く、後代には多くが同化したが、甲骨

文字の段階では一応の区別がされている。例えば、甲骨文字で祭祀儀礼の一種として用いられている競（）は、冠の形（）を用いており、もとは貴人の参列を表していたと推定される。ただし、西周金文では冠の部分が「言」に変えられたため、加藤や藤堂は誤ってそこから字源を分析している。

さらに、甲骨文字の段階でも、一部に四者の字形の混同が起こっており、例えば、甲骨文字の「言」には異体字として「」「」「」が見られ、それぞれ「」の上部に辛（考の異体）・丵のいずれかを加えたものである。これも、西周金文では上部が「辛」の形に統一されているため、藤堂・白川や『新漢語林』はそこから字源を分析する。

しかし、甲骨文字では「」の形が最も多く使われており、『殷墟甲骨刻辞類纂』によれば七五例のうち四五例を占める。また、上古音では辛と言が同部であり、例えば郭錫良『漢字古音手冊』では、それぞれ[kian][ngian]と復元している。したがって、許慎が「口に従い辛の声」と形声で解釈するのがおそらく正しく、加藤と『新字源』もこの説を採用している。なお、『字源』は字形の類似から舌（）の関連字とするが、これは口から舌が出ている様子を表現した象形文字であり、「言」の字源とは関係しない。

また、殷代後期の都の名である「商」にも、甲骨文字には多くの異体字が見られ、「」「」

「啇」などがある。それぞれ、丙《へい》（丙）の上部に冠の形・辛・辛のいずれかを加えた字形である。これも西周金文では上部が「辛」になっているため、白川と『新字源』は「辛」から字源を解釈する。また、許慎は上部を「章」の省声《しょうせい》としており、藤堂と『新漢語林』はこれに従う。そのほか、加藤は楔《くさび》の形を声符としたものと見なし、『字源』は「構形不明」とする。

この文字は、甲骨文字の内部における時代差があり、初期には冠の形（▽）を用いた「啇」の字形が多く、中期に冠の形を辛（䇂）に変えた「啇」の字形が主に使用されるようになる。そして、辛（䇂）を用いた「啇」の字形は甲骨文字の末期に出現し（下部に「口」を加えている）、これが後代に継承された。したがって、「啇」の形が最も原型に近いと考えられる。

丙（丙）の部分は、建築物の形として用いられることがあり、亡失字の「高（高）」では建物の形の下部に使用されている。このことから、高貴な存在を象徴する冠の形（▽）を使用することで、王が居住する宮殿を表し、それを都の名に用いたと推定できる。なお、丙は台座の形として用いられることもあり、例えば尚の初文（尚）は台座の上に物を載せた形である。そのため、商の字源は王が使用した器物という可能性もあるが、いずれにせよ「辛」や「章」からの字源分析には意味がないことになる。

このように、漢字は時代によって字形が変化することも多いので、字源研究では分化や同化が起こりうるものとして時代差を分析しなければならない。

後代に統合された文字

前節で述べたように、辛と考などは字形の同化が起こったが、漢字には字義も含めて統合されたものが存在する。

例えば、「明」については、甲骨文字には「」と「」の二系統の字形が存在した。前者は窓枠を表す冏《けい》（）と月（）から成り、「月明かり」を表す文字である。冏を星の光とする説もあり、この場合は月と合わせて夜空の光を表現したものとなるが、「」は甲骨文字では祭祀名として用いられており、いずれにせよ夜間の祭祀である。字形の隷定は「朙」となり、字義については後に引伸義で「あかるい」になった。

後者の「」は日（）と月（）から成り、甲骨文字では時間を表示する文字として用いられている。したがって、日（太陽）が昇りはじめたものの、まだ月が薄く見えている状態、つまり「明け方」を表す文字となる。

この両者は、最終的には後者の字形にまとめられたが、現代でも「あかるい」と「明け方」という両方の字義を残している。つまり、二つの文字の字形が統一されるだけではなく、両者の字義も同一字に統合されたのである。

明  

冏（囧）

これと同様のことが、「阜」（偏としては「阝（こざとへん）」）においても発生している。許慎は「大陸（高地）なり。山の石無き者なり」とし、ほとんどの研究者がこれに従って山や丘の象形と見なしている。これに対し、白川は字形の組み合わせを調査して「神梯《しんてい》の形」とした。そのほか、藤堂は「ずんぐりと土を積み重ねたさま」とするが、甲骨文字や金文には土盛りとしての用法は確認できないので、これは誤りである。

このように、「阜」の字源として山の象形とする説と梯子の象形とする説があるのだが、実のところ、甲骨文字の段階では両者が使い分けられていた。前者は「」の形で山（）の向きを変えたものであり、山に関係する地名などに用いられている。後者は「」の形であり、白川が述べるように梯子《はしご》の象形である（図表40参照）。

まず梯子の象形としての阜（）であるが、これは「陟《ちょく》」や「降」などで使われている。梯子の形に加えて足の形である止（）を上に向けているのが陟（）であり、梯子を登る様子を表している。また、止（）を下に向けたのが降（）であり、こちらは梯子を降りる様子である。ただし、白川は「」を「神梯」と見なし、「この部に属する字は、神の陟降する聖地に関するものが多い」とするが、第五章で述べたように、殷代における「聖所」の実態が判明していないため、この解釈については論理的に正否を確かめることができない。

一方、山の象形としての阜（　）は、甲骨文字では主に地名を表す文字の部首に使われており、山地や山間部を指していると思われる。例えば、甲骨文字には「阥（　）」という地名（亡失字）があるが、それとともに河川の名（正確にはその河岸の地名）として沁（　）が見られる。沁（　）は、水（　）の略体を意符、心臓の象形の心（　）を声符とする形声文字であり、後代の文献資料にも黄河の支流として「沁水」が記されている。したがって、「阥」はその上流の山地か山間部を指す文字と考えられる。

図表40　「阜」の字形（右から順に、阜（　）『甲骨文合集』10405・阜（　）『甲骨文合集』7860・降（　）『甲骨文合集』13856・阥（　）『甲骨文合集』29839。右の二つは左右反転字）

なお、山を縦にした「　」について、白川は「山を横立てにするような不自然な造字の法はない」（『漢字の世界』2、一〇五頁）とする。しかし、寝台などを表す爿（　）は台の足が左側にあり、また、動物の象形である象（　）や馬（　）も脚が左側にある。甲骨文字を含めた漢文は縦書きであるため、あまりに横に長い文字は、行をはみ出してしまう。そこで、横長の形は左を下として縦長にする造字法が用いられたのである。

このように、「阜」には元々二種類の形と意味があったのだが、後に両者が統合された。しかも、字形としては梯子の象形である「　」が用いられたが、意味としては山の象形である「　」の方が

継承されたのである（ただし統合前に作られていた陟や降は後代にも残っている）。つまり、許慎の「大陸（高地）」という解釈は、字源（字形の起源）としては誤りであるが、後代の字義としては正しかったことになる。

なお、「阜」に関係して特殊な用法があるのは「陽」であり、甲骨文字には「〓」を用いた「〓」と「〓」を用いた「〓」の二種類が見られる。「〓」と「〓」は形が近いので、誤字あるいは彫刻の際の誤りという可能性もあるが、そうでなければ次のようになるだろう。

昜（〓）は、太陽の象形である日（〓）と上昇を象徴する示（〓）から成り、太陽が昇ることを表している。したがって、前者の「〓」は、「昜」に上昇の象徴として梯子の象形の「〓」をさらに増し加えた繁文と考えられる。

後者の「〓」については、山を表す「〓」を用いているので、山の斜面のうち太陽が当たる側を表していることになる。中国では、東西方向に大河が流れているため、山の南（川の北）は日光が多く当たるので「陽」と呼ばれ、その逆で山の北（川の南）は「陰」と呼ばれた。「陽」は、後代の文献資料ではこちらの字義が主に用いられている。

そのほかにも特殊な文字として「家」があり、これも従来の研究では二種類の字源説があった。そのひとつは許慎が「宀《べん》に従い豭《か》の省声」としたものであり、形声文字とする解釈である。もうひとつは、家屋を表す「宀」と豚の象形である「豕《し》」を合わせた会意文字とするもので、この解釈では豚小屋ということになる。

　前者の形声説には、許慎のほか加藤・『新字源』・『字源』がある。後者の会意説は藤堂が唱えたものであり、そのほか『新漢語林』は「ぶたなどのいけにえを供える屋内の神聖なところのさま」とし、やはり会意で解釈する。また白川は「豕」の部分を「犬」に誤るが、『新漢語林』と同様に犠牲を用いた家屋と見なしている。

　これも結果を言えば、甲骨文字の段階ではどちらの系統も存在した。前者は「」の字形を指しており、家屋を表す宀（）を意符、牡豚の象形である豭の初文（）を声符とする形声文字である。この文字は、甲骨文字では各先王の祭祀施設を指して用いられている。

　一方、後者は「」の字形であり、家屋を表す宀（）と豚の象形の豕（）を合わせて豚小屋を表した会意文字である。この文字は、甲骨文字では家畜の豚を意味して用いられている。

　ただし、「明」や「阜」と異なり、「家」については前者の「」だけが後代に継承されたので、字源や語源としては前者の形声説が正しいことになる。しかし、戦国古文で豭の形（）を豕（）に簡略化した字形が出現し、これが篆書で正式に採用された。そのため、結果として字形は「宀」と「豕」を合わせて「家」になり、後者の字形に近くなってしまったのである。

これまでの字源研究の成果と誤り

本章では、最新の成果を提示し、それとともに『説文』および加藤・藤堂・白川のほか『新字源』『新漢語林』『字源』を対象として過去の字源研究を検証した。これらの先行研究のうち、許慎が『説文』を著したのは後漢代であり、甲骨文字や金文を利用できない状況にあったため、今から見ればその解釈には誤りが多い。また、『字源』など中国の研究は、許慎の学説に頼るところが多く、また字形を恣意的に解釈していることも少なくない。

このように、『説文』と『字源』には今後の研究において参考にすべき部分が少ないので、それらを除く五つの先行研究を対象として、どの程度の正確さがあるのかを点数化してみたい。

図表41に挙げたのは、甲骨文字の段階での基本的な形、すなわち甲骨文字の部首にあたるものである。1から10は武器や軍備品であり、字源の分析が比較的簡単なものである。また、11から20は土木や建築に関係する形であり、ここには字源分析が難解なものが多い。

そして、字源の分析が正解またはそれに近いものは「○」、部分的に正解しているものは「△」、完全な誤りは「×」として表記した。なお、評価対象は字形の成り立ちの解説部分だけであり、文化的背景などの解釈では減点していない。

ここで挙げた部首で異論のあるもののうち、いくつか本書で説明していなかった形があるので、それを解説する。まず「矢（）」については、白川を除いて「」の字形を挙げているが、こ

図表41　先行研究の字源分析の正否

	楷書	甲骨	字源	加藤	藤堂	白川	新字源	新漢語林
1	戈		武器である戈の象形	○	○	○	○	○
2	戊		鉞の象形	○	×	○	○	○
3	斤		斧の象形でその初文	○	△	○	○	○
4	弓		弓の象形	○	○	○	○	○
5	矢		矢の象形	△	△	○	△	△
6	刀		刀の象形で上が刃先	○	△	△	△	○
7	辛		刃物の象形	○	○	○	○	○
8	単		刺股のような道具	○	×	△	○	×
9	㫃		軍旗の象形	○	○	○	○	○
10	幸		手かせの象形	×	○	○	△	○
11	丁		都市など四角い建造物	×	×	×	×	×
12	亜		王墓の象形	×	×	○	×	○
13	行		四つ辻の象形	○	○	○	○	○
14	田		耕作地の象形	○	○	○	○	○
15	井		井げたの象形	○	○	○	○	○
16	今		屋根や蓋の象形	△	△	△	△	△
17	宀		家屋の象形	△	○	○	△	△
18	丙		建物の入り口や台座	×	×	○	×	○
19	戸		片開きの戸の象形	○	○	○	○	○
20	阜		梯子の象形と丘の象形	△	×	△	△	△
			合計	14	12	17	14	16

畀  単〈單〉   狩〈獸〈獸〉〉 

れは「畀《ひ》」であり鏑矢《かぶらや》の象形である。

「単〈單〉」の字源については、藤堂はハタキの形とするが、実際には狩猟で使用された道具であり、狩の初文（）が狩りに使う犬（）と単（）から成ることなどから判断できる。「」は字形としては「獸」（獸の旧字体）に近く、後に単が声符の「守」に置換され、犬（けものへん）と合わせて「狩」の形になった。

また、『新漢語林』は単を「はじき弓の象形」と見なす。この説は、石を飛ばす弾《はじ》き弓を原義とする「弾〈彈〉」が単〈單〉を含むことからの発想であろうが、甲骨文字の段階では弾き弓は「」の形で表されており、弓（）と石を表す丸印から成る文字である。後に弓を意符、単を純粋な声符とする形声文字が作られたにすぎない。

甲骨文字を見ると、「単」は「」の形であり、また狩猟に用いられることから、獲物を捕らえる刺股《さすまた》のような道具が字源と考えられる。なお、白川は「楕円形《だえんけい》の楯《たて》の形」とし、これは正解ではないが、甲骨文字には楯を表す毌《かん》（）を重ねた異体字（）があり、これが後代に継承されたので、図表41では「」としている。

家屋の象形である「（）」については、許慎が「交覆《こうふく》の深き屋なり」とし、竪穴式住居のように屋根の部分が大きな建築物と解釈するため、それに従って全体を屋根とする説が多い。し

かし、異体字の「亼」の字形から明らかなように、実際には上部が屋根で下部は両側の壁を表している。なお、考古学の調査から、初期の国家では王や貴族の住居はすでに平地式になっていたことが判明している。

図表41について、「○」を1点、「△」を0.5点、「×」を0点として採点したのが最下段の数字である。加藤と藤堂は点数が低くなっているが、彼らが現代における総合的な字源研究の先駆けなのであるから、それも当然と言える。一方、その後の研究は、彼らの分析を吟味したうえで発表できるので、有利な立場にあったことになる。

百を超える甲骨文字の部首のうち、ここでは二十だけを抽出して検証したが、点数がほぼ研究の年代順に並んだのは決して偶然ではないのである。

また、五者の合計は百点満点のうち七十三点であった。この点数を見て、どのように思うだろうか。「なんと誤りが多いことか」と嘆くのか、それとも「何十年も前の研究にしてはよくできている」と讃えるのか、それは人それぞれであろう。

いずれにせよ、現在発行されている漢和辞典や字源字典に誤りが多いことは、紛れもない事実である。しかし、これも考えてみれば当たり前のことである。

加藤が『漢字の起原』を発表したのは一九七〇年である。また、藤堂の『学研　漢和大字典』

弾

は一九八〇年の出版だが、その基礎は一九六五年に発表した『漢字語源辞典』にある。白川も、字源を述べた著作には一九九六年の『字通』などがあるが、研究そのものは一九八四年に出版した『字統』にほぼ集成されている。そのほか、『新字源』も初版は一九六八年と古く、『新漢語林』の前身である『漢語林』は最も新しいが、それでも一九八七年の出版である。

このように、総合的な字源研究は、古いものはほぼ半世紀も前のものであり、新しいものでも約三十年前に途絶えてしまっている。それらの研究に誤りが多いことは当然なのである。

どのような分野の学術であっても、過去の研究を検証し、誤りを正さなければならない。しかし、字源研究は数十年にわたってそれが行われなかったのであり、そのため、記述が正確であるべき辞典でも字源の解説に誤りが多いのが現状である。今後は、できるだけ早く、漢和辞典などの記述も見直さなければならないだろう。

結び

本書は、漢字の字源（字形の成り立ち）やその研究史についておおまかに解説し、また旧説の特徴と問題点を挙げた。さらに、そこから今後の字源研究のあり方を導き出した。ここでもう一度、簡単にまとめておきたい。

字源研究は、漢字の形がどのようにして作られたのかという研究であるから、今後も字形（文字の形）が主な分析対象となるはずである。さらに、本書の第五章で述べたように、関連する複数の文字を比較することが研究上で有効であることが判明した。

逆に、字音（文字の発音）については、語源（言葉の起源）の研究では重要になるが、漢字は表音よりも表意の要素が強いため、字源研究においては副次的な指標とならざるを得ない。しかも、最も古い漢字資料である殷代の甲骨文字の字音はもちろんのこと、現在でも周代の字音ですら確定しておらず、そうした状況では研究への利用が難しい。

また、字義（文字の意味）についても、文章や文字の中で原義（原初の意味）で使われていることが字源研究の前提条件になるが、甲骨文字のような個別具体的な記録では、文字が固有名詞にのみ使われていることも多く、これも役に立たない場合が少なくない。

　本書の第七章では、こうした漢字の各要素の特徴を踏まえ、実際にいくつかの新しい成果を提示した。例えば、求（）の字源は、これまでの研究では毛皮の象形と考えられていたが、これは資料の読み間違いに起因する誤解であり、実際には奏（）や奉（）などの字形の組み合わせから、祭祀に用いる植物の象形であることが判明した。

　また、西（・）についても、従来は籠《かご》の象形とする説が有力視されていたが、これも卣《ろ》（）や畜（）などの文字との比較から、巾着袋のようなものの象形であると推定できた。

　本書の冒頭でも述べたことであるが、総合的な字源研究は三十年ほど前に途絶えており、それから現在に至るまで、過去の研究に対する検証がほとんど行われていなかった。三十年にわたって停滞していた字源研究の「最先端」がようやく再び進みはじめたのである。

　さらに、漢字の各要素の特徴を抽出することで、文字としての漢字の性質も見えてきた。漢字は字形そのものが意味を伝達する性質が強く、西洋の諸言語の文字のように背後にある言葉を忠実に反映するだけのものではなかった。

　そのため、漢字の長所として、元の字音（聴覚情報）が分からなくても字形（視覚情報）によって字義（意味情報）を伝達できるという特徴が生まれた。このような性質があったからこそ、紀元前に著された古典が二千年以上にわたって読み続けられ、さらに中国とは言語体系が全く異なる日本ですら漢字が使用可能になったのである。逆に、漢字は字形で意味を表現するため、柔軟な活用や微細な表現が難しいという短所も存在する。

字源研究は、直接的には字形の成り立ちの研究であるが、このように漢字そのものの研究という側面も併せ持っているのである。

また、字源が判明すれば古代文字の意味がより深く理解できる場合もあり、その研究は古代文字資料の解読、さらには中国の古代史学や古典文学にもつながっている。そのほか、漢字が作られた古代中国文明は、東アジアにおける文化の原点でもあるため、字源研究は東洋の思想や芸術などの研究とも関係している。

このように、漢字の字源は多様な分野と関連するのだが、本書で述べたように、漢和辞典などにおける字源の解説には誤解や曲解がかなり多い。今後、他分野の研究のためにも、過去の字源研究の全面的な検証が必要である。

また、もっと身近な問題として、漢字の成り立ちは漢字教育とも関わっている。小中学校の漢字教育では、おそらくひとつひとつの漢字を個別に覚えることが一般的であろう。もし文字の数が少なく、百字や二百字ほどであれば、個別に覚えた方が効率がよい。だから大文字・小文字を合わせて五十字余りのアルファベットは、字形の成り立ちを知らなくてもさほど不都合はない。また平仮名や片仮名も、それぞれ濁音などを含めても百字に満たないので、万葉仮名以来の成り立ちを知ることは必須ではない。

しかし、漢字は、中学校までに国語の時間に習う常用漢字だけで約二千字あり、それ以外にも人名・地名によく用いられる漢字や、理科や歴史の用語に使われるものなどがあるので、少なくとも三千字程度は知っておく必要がある。文系の高等教育まで考慮すれば、四千字から五千字程度の知識が必要であろう。

三千字あるいはそれ以上を個別に覚えるのは大変である。しかし、会意文字や形声文字は複数の字形を組み合わせて作られているので、漢字を分解すると、意味のある形としては三百ほどにまとめられる（方法によって数値は上下する）。そのため、三千字を個別に覚えるよりも、三百ほどの基本形を覚え、その組み合わせとして三千種類の漢字を理解した方が効率がよく、また強く印象に残ることになる。

例えば、偏の「ネ（しめすへん）」と「ネ（ころもへん）」は形がよく似ているが、もとはそれぞれ祭祀に用いる机の象形の「示（丅）」と衣服の象形の「衣（𧘇）」である。そのため、前者を用いた文字には祭祀に関係するものが多く、社・神・祖・祝・福・祈などがある。また、後者には衣服に関係する文字が多く、「補」は衣服をつくろうことが字源であり、「複」は衣服の重ね着を指して作られた文字である。

漢字には、初文から繁文への変化が著しいものも多いので、学校教育において古代文字にまでさかのぼって教える必要はないと思うが、最低限、現在の字形が何を構成要素としているのかを知っておいた方が、効率的に多くの漢字を覚えられるのである。

字源研究は、それ自体が興味深いものであるが、漢字は様々な学術とも関連し、さらに現代社会とも深く関わっている。漢字の字源は、決して古代文明だけの問題ではなく、これからも我々とともに在り続けるはずであり、研究も継続していかなければならないのである。

字源研究のための資料紹介

ここでは、字源研究を始めるために必要な資料を紹介したい（出版者・発行年などは「参考文献」を参照）。

まずは一般向け字源解説書であるが、藤堂明保『漢字の起源』、白川静『中国古代の文化』、阿辻哲次『漢字の字源』、落合淳思『甲骨文字の読み方』などがある。いずれも文庫や新書の形態で安価に入手でき、また字源やその背景の文化が分かりやすく説明されている。ただし、本書で述べたように、古い研究には誤りが多いので注意が必要である。筆者の『甲骨文字の読み方』は二〇〇七年の出版であるが、それからの七年で、すでに新しい事実が多数判明している。

また、漢字全般の教養としては、高島俊男『漢字雑談』や阿辻哲次『漢字文化の源流』などが分かりやすい。若干専門的な記述には、大島正二『中国語の歴史』などがある。

次に、先行研究の字源説を記載した字典などであるが、二千円程度で買える一般向けのものから、高いものでは数万円もする専門書もある。また、絶版したものも多く、その場合には図書館などで借りるか古書で購入することが必要となる。

かつての研究のうち、加藤の系統としては、加藤常賢『漢字の起原』のほか、加藤常賢・山田勝美『角川　字源辞典』や山田勝美・進藤英幸『漢字字源辞典』などがある。ただし、本書で述べたように中古音や漢音から研究をしており、字源の分析としては不備も多い。このほか水上静夫『甲骨金文辞典』も加藤の影響を強く受けている。

藤堂の系統としては、藤堂明保『漢字語源辞典』や同『学研　漢和大字典』などのほか、加納嘉光『漢字の成り立ち辞典　新装版』がある。後者については、カールグレンの上古音復元も併記するが、両者の矛盾点（陰声の末尾に母音を認めるかなど）については解説されていない。また、字音の「イメージ」で字源を解説しているにもかかわらず、配列は単語家族ではなく字形で行っており、構成上の矛盾もある。

白川は著作が非常に多いが、字源に関する学説は、白川静『字統』にほぼ集成されている。また白川の研究はあまりに独特の世界観であったため、それを継承した字源研究はほとんど見られない。その代わり、白川の研究あるいは本人の紹介として、松岡正剛『白川静　漢字の世界観』や小山鉄郎『白川静さんに学ぶ　漢字は楽しい』などがある。

そのほか、本書でも取り上げたように、『角川　新字源』や『新漢語林』などにも一部に独自の見解が展開されている。また、中国でも近年になって字源研究に関する書籍が盛んに出版されており、李学勤主編『字源』のほか、谷衍奎『漢字源流字典』や黄徳寛『古文字譜系疏証』などがある。ただし、中国の字源研究には、『説文』に従うものや単独の字形からの分析が多く、複数の字形を比較したり字音から分析したものは少ない。

甲骨文字や金文の索引・字典などについては、中国で出版されたものが多く、ある程度の中国語の知識が必要である。また、中国語の書籍は一般の書店には置いていないので、専門書を扱っている書店で取り寄せることが必要であり、価格は安いもので数千円、高いものでは数万円になる。

まず甲骨文字から紹介するが、世界初の甲骨文字索引として島邦男『殷墟卜辞綜類』および同『増訂殷墟卜辞綜類』があるが、それよりも字釈を併記した姚孝遂主編『殷墟甲骨刻辞類纂』の方が使いやすい。また、本書でも紹介した筆者製作の検索プログラムは、「http://koukotsu.sakura.ne.jp/top.html」（甲骨文字全文検索データベース）で利用できる。ただし、インターネットへの接続やフォントのインストールなどが必要になる。

甲骨文字の字典としては、徐中舒『甲骨文字典』、趙誠『甲骨文簡明詞典』、孟世凱『甲骨学辞典』などがある。また、日本語で書かれたものとして落合淳思『甲骨文字小字典』もあるが、対象が現在の教育漢字として残っている文字だけであり、掲載字数が少ないことが欠点である。今後数年以内に、より大部の字典を製作する予定である。

先行研究の字釈や字源説などをまとめたものとしては、松丸道雄・高嶋謙一『甲骨文字字釈総覧』が便利である。そのほか、中国では『古文字詁林』などが出版されているが、網羅的に集められていないうえ、要約されていないので、先行研究の一覧としては扱いにくい。

金文については、索引に張亜初『殷周金文集成引得』がある。ただし、拓本や摹写を加えていないため、字体の研究などにおいては原典である『殷周金文集成』を見る必要がある。また、金文の字典としては、王文耀『簡明金文詞典』や載家祥主編『金文大字典』があり、後者は拓本の字形も掲載している。そのほか、日本語で書かれた訳注としては、白川静『金文通釈』が最も多くの金文を収録している。

戦国古文については、摹写ではあるが何琳儀『戦国古文字典』が最も網羅的に文字を集めており、また字源や用例についても解説が付されている。甲骨文字以降の各字形を一覧したい場合には、徐無聞『甲金篆隷大字典』があり、初版は部首が『説文』の順であるため若干使いにくいが、二〇一〇年に再版されたものは漢和辞典と同じ並びで使いやすい。ただし、初版とは字釈などが異なる部分もある。

最後に、原典である甲骨文字や金文の拓本集を紹介するが、非常に高価であり、安いものでも数万円、高いものは十万円以上する。また、中国で出版されたものは、やはり専門店で購入することが必要になる。ただし、近年では大学などの研究機関でも一般市民に所蔵図書を公開しているところが多いので、手間を惜しまなければ誰にでも研究が可能な環境になっている。

甲骨文字については、『甲骨文合集』が一九七〇年代までに発表された拓本の多くを収録しており、最も大部である。一度絶版となり、その後再版されたが、再版の方は画像が粗くなっており文字の細部が判別しにくい。また、その遺漏分を中心にして『甲骨文合集補編』が編纂されており、これが二番目に多くの拓本を収めているが、これも印刷状態があまり良くない。

この両者に収録されていない拓本集として、『小屯南地甲骨』、『英国所蔵甲骨集』、『殷墟花園荘東地甲骨』『殷墟小屯村中村南甲骨』などがある。そのほか、『天理大学附属天理参考館　甲骨文字』、『東京大学東洋文化研究所蔵甲骨文字』、『北京大学珍藏甲骨文字』などもあるが、一部または大部分が前掲の『甲骨文合集』や『甲骨文合集補編』と重複する。

金文については、『殷周金文集成』が最も多くの拓本を収めており、重要な資料となる。これも一旦絶版し、後に判型を小さくして再版されたが、やはり印刷状態が悪い。『殷周金文集成』が出版された後に発見された金文については、『近出殷周金文集録』および『近出殷周金文集録　二編』が収録している。

戦国古文については、『郭店楚墓竹簡』や『包山楚簡』などがあるが、絶版しているものが多い。ただし、研究書や解説書は多く出ているので、字形の研究ではなく文章を読解したい場合にはそちらの方が便利であろう。

なお、インターネット販売で中国からの輸入書を取り扱っている書店には、北九州中国書店・中国書店・鶴本書店・東方書店・フリラックス書虫・琳琅閣書店（五十音順）などがある。また、多くの古書店の目録から検索できるｗｅｂサイトとして「日本の古本屋」がある。

ここで述べたように、本格的に字源研究を始めようとすると、かなり多くの資料を準備しなければならない。もしかしたら、この点も字源研究が停滞した原因のひとつかもしれない。

参考文献（著者の姓の五十音順）

赤塚忠『中国古代の宗教と文化』角川書店、一九七七年
阿辻哲次『漢字の字源』講談社、一九九四年
阿辻哲次『タブーの漢字学』講談社、二〇〇四年（再版、二〇一三年）
阿辻哲次『漢字文化の源流』丸善、二〇〇九年
石川栄吉・梅棹忠夫・大林太良・蒲生正男・佐々木高明・祖父江孝男『文化人類学事典』弘文堂、一九八七年
伊藤道治『中国古代国家の支配構造』中央公論社、一九八七年
王宇信『甲骨学一百年』社会科学文献出版社、一九九九年
王国維「殷卜辞中所見先公先王考」『観堂集林』巻九、一九一七年（『王観堂先生全集』所収、文華出版、一九六八年）
王文耀『簡明金文詞典』上海辞書出版社、一九九八年
王立新『早商文化研究』高等教育出版社、一九九八年
王力『漢語史稿』科学出版社、一九五七年
王力『漢語語音史』中国社会科学出版社、一九八五年
大島正二『中国語の歴史』大修館書店、二〇一一年
岡村秀典『中国古代王権と祭祀』学生社、二〇〇五年
岡村秀典『中国文明　農業と礼制の考古学』京都大学学術出版会、二〇〇八年
小川環樹・西田太一郎・赤塚忠『角川　新字源』角川書店、一九六八年（改訂版、一九九四年）
尾崎雄二郎『中国語音韻史の研究』創文社、一九八〇年
小澤正人・谷豊信・西江清高『中国の考古学』同成社、一九九九年
落合淳思『甲骨文字の読み方』講談社、二〇〇七年
落合淳思『甲骨文字に歴史をよむ』筑摩書房、二〇〇八年
落合淳思『古代中国の虚像と実像』講談社、二〇〇九年
落合淳思『甲骨文字小字典』筑摩書房、二〇一一年

落合淳思「漢字の成り立ち」『立命館東洋史学』三四、二〇一一年
落合淳思『殷代史研究』朋友書店、二〇一二年
何琳儀『戦国古文字典』中華書局、一九九八年
B・カールグレン（BERNHARD KARLGREN）"GRAMMATA SERICA RECENSA" ELANDERS BOKTRYCKERI AKTIEBOLAG, 1957（"GRAMMATA SERICA"1940の修訂版）
B・カールグレン／大原信一・辻井哲雄・相浦杲・西田龍雄訳『中国の言語』江南書院、一九五八年（原題 THE CHINESE LANGUAGE, 1949）
貝塚茂樹編『古代殷帝国』みすず書房、一九六七年（新装版、二〇〇一年）
貝塚茂樹・伊藤道治『京都大学人文科学研究所所蔵　甲骨文字』京都大学人文科学研究所、一九五九年（再版、一九八〇年）
郭錫良『漢字古音手冊』北京大学出版社、一九八六年
郭沫若『卜辞通纂攷釈』文求堂、一九三三年（『郭沫若全集』所収、科学出版社、一九八二年）
郭沫若主編『甲骨文合集』中華書局、一九八二年（再版、一九九九年）
加地信行『儒教とは何か』中央公論新社、一九九〇年
加藤常賢『漢字の起原』角川書店、一九七〇年（一九四九～一九六八年「漢字ノ起源」（謄写版）に加筆）
加藤常賢・山田勝美『角川　字源辞典』角川書店、一九七二年
加納嘉光『漢字の成り立ち辞典　新装版』東京堂出版、二〇〇九年
鎌田正・米山寅太郎『新漢語林』大修館書店、二〇〇四年
許慎（後漢）『説文解字』同治十二年刊本（附索引、中華書局、一九六三年）
許進雄『卜骨上的鑿鑽形態』芸文印書館、一九七三年
荊門市博物館『郭店楚墓竹簡』文物出版社、一九九八年
胡厚宣「中国奴隷社会的人殉和人祭」『文物』一九七四年第七・八期
黄展岳『古代中国的人牲人殉』文物出版社、一九九〇年
黄天樹『殷墟王卜辞的分類与断代』文津出版社、一九九一年

黄徳寛『古文字譜系疏証』商務印書館、二〇〇七年
谷衍奎『漢字源流字典』語文出版社、二〇〇八年
国際音声学会編／竹林滋・神山孝夫訳『国際音声記号ガイドブック』大修館書店、二〇〇三年
湖北省荊沙鉄路考古隊『包山楚簡』文物出版社、一九九一年
古文字詁林編纂委員会『古文字詁林』上海教育出版社、一九九九年～二〇〇四年
小山鉄郎／白川静監修『白川静さんに学ぶ　漢字は楽しい』共同通信社、二〇〇六年（再版、新潮社、二〇〇九年）
載家祥主編『金文大字典』学林出版社、一九九五年
紫渓「古代量器小考」『文物』一九六四年第七期
島邦男『祭祀卜辞の研究』弘前大学文理学中国研究会、一九五三年
島邦男『殷墟卜辞研究』弘前大学文理学中国研究会、一九五八年
島邦男『殷墟卜辞綜類』大安、一九六七年
島邦男『増訂　殷墟卜辞綜類』汲古書院、一九七一年
徐中舒『甲骨文字典』四川辞書出版社、一九八九年
徐無聞『甲金篆隷大字典』四川辞書出版社、一九九一年（新版、二〇一〇年）
白川静「卜辞の本質」『立命館文学』六二、一九四八年
白川静『甲骨金文学論叢』立命館大学中国文学研究室、一九五五～一九六二年（再版、朋友書店、一九七四年。『白川静著作集』別巻収録、平凡社、二〇〇八～二〇一二年）
白川静『金文通釈』白鶴美術館、一九六四～一九八四年（『白川静著作集』別巻収録、平凡社、二〇〇四～二〇〇五年）
白川静『説文新義』白鶴美術館、一九六九～一九七四年（白川静著作集』別巻収録、平凡社、二〇〇二～二〇〇三年）
白川静『金文の世界』平凡社、一九七一年（『白川静著作集』収録、二〇〇〇年）
白川静『甲骨文の世界』平凡社、一九七二年（『白川静著作集』収録、二〇〇〇年）
白川静『文字逍遥』平凡社、一九八七年（再版、一九九四年。『白川静著作集』収録、二〇〇〇年）
白川静『漢字の世界』平凡社、一九七六年（『白川静著作集』収録、二〇〇〇年。再版、二〇〇三年）

白川静『漢字百話』中央公論社、一九七八年（『白川静著作集』収録、一九九九年。再版、二〇〇二年。いずれも平凡社）
白川静『中国古代の文化』講談社、一九七九年（『白川静著作集』収録、平凡社、二〇〇〇年）
白川静『字統』平凡社、一九八四年（新訂版、二〇〇四年）
白川静『字通』平凡社、一九九六年
白川静『殷文札記』（『白川静著作集』別巻）平凡社、二〇〇六年
白川静・梅原猛『呪の思想』平凡社、二〇〇二年（再版、二〇一一年）
沈建華・曹錦炎『新編甲骨文字形総表』香港中文大学出版社、二〇〇一年
沈道栄『隷書辨異字典』文物出版社、二〇〇八年
西安半坡博物館・陜西省考古研究所・臨潼県博物館『姜寨』文物出版社、一九八八年
曹述敬主編『音韻学辞典』湖南出版社、一九九一年
高嶋謙一「殷代貞卜言語の本質」『東洋文化研究所紀要』一一〇、一九八九年
高島俊男『漢字雑談』講談社、二〇一三年
譚其驤主編『中国歴史地図集』一、地図出版社、一九八二年
段玉裁（清）『説文解字注』嘉慶十三年（附標点・索引等、芸文印書館、二〇〇七年）
中国社会科学院考古研究所『小屯南地甲骨』中華書局、一九八〇年
中国社会科学院考古研究所『殷周金文集成』中華書局、一九八四～一九九〇年（修訂増補本、二〇〇七年）
中国社会科学院考古研究所『殷墟発掘報告』文物出版社、一九八七年
中国社会科学院考古研究所『殷墟的発現与研究』科学出版社、一九九四年
中国社会科学院考古研究所『安陽郭家荘商代墓葬』中国大百科全書出版社、一九九八年
中国社会科学院考古研究所『殷墟花園荘東地甲骨』雲南人民出版社、二〇〇三年
中国社会科学院考古研究所『安陽殷墟花園荘東地商代墓葬』科学出版社、二〇〇七年
中国社会科学院考古研究所『殷墟小屯村中村南甲骨』雲南人民出版社、二〇一二年
中国社会科学院考古研究所・北京市文物研究所琉璃河考古隊「北京琉璃河1193号大墓発掘簡報」『考古』一九

九〇年第一期
張亜初『殷周金文集成引得』中華書局、二〇〇一年
張学海『竜山文化』文物出版社、二〇〇六年
趙誠『甲骨文簡明詞典』中華書局、一九八八年
陳年福『殷墟甲骨文字摹釈全編』綫装書局、二〇一〇年
陳夢家『殷虚卜辞綜述』科学出版社、一九五六年
天理大学『天理大学附属天理参考館　甲骨文字』（ひとものこころ第一期第五巻）天理教道友社、一九八七年
董作賓「大亀四版考釈」『安陽発掘報告』三、一九三一年
董作賓「甲骨文断代研究例」『慶祝蔡元培先生六十五歳論文集』（『中央研究院歴史語言研究所集刊外編』）一、一九三三年
董作賓『殷暦譜』中央研究院歴史語言研究所、一九四五年
竇文宇・竇勇『漢字字源』吉林文史出版社、二〇〇五年
董蓮池『新金文編』作家出版社、二〇一一年
藤堂明保『中国語音韻論』江南書院、一九五七年
藤堂明保『漢字語源辞典』学燈社、一九六五年
藤堂明保『漢字の起源』徳間書店、一九六六年（再版、講談社、二〇一二年）
藤堂明保『漢語と日本語』秀英出版、一九六九年
藤堂明保『学研　漢和大字典』学習研究社、一九八〇年
馬承源主編『商周青銅器銘文選』三、文物出版社、一九八八年
白于藍『殷墟甲骨刻辞摹釈総集校訂』福建人民出版社、二〇〇四年
林巳奈夫『殷周青銅器の研究』殷周青銅器綜覧一、吉川弘文館、一九八四年
林巳奈夫『中国古代の生活史』吉川弘文館、一九九二年（新版、二〇〇九年）
林巳奈夫『中国古代の神がみ』吉川弘文館、二〇〇二年
樋口隆康編『泉屋博古』泉屋博古館、一九八〇年

方述鑫・林小安・常正光・彭裕商『甲骨金文字典』巴蜀書社、一九九三年
彭邦炯『甲骨文合集補編』語文出版社、一九九九年
前田富祺・阿辻哲次『漢字キーワード事典』朝倉書店、二〇〇九年
松岡正剛『白川静　漢字の世界観』平凡社、二〇〇八年
松丸道雄『東京大学東洋文化研究所蔵甲骨文字・図版篇』東京大学出版会、一九八三年
松丸道雄・高嶋謙一『甲骨文字字釈総覧』東京大学出版会、一九九四年
水上静夫『甲骨金文辞典』雄山閣出版、一九九五年
孟世凱『甲骨学辞典』世紀出版集団、二〇〇九年
山田勝美・進藤英幸『漢字字源辞典』角川学芸出版、一九九五年
姚孝遂主編『殷墟甲骨刻辞摹釈総集』中華書局、一九八八年
姚孝遂主編『殷墟甲骨刻辞類纂』中華書局、一九八九年
吉本道雅『中国先秦史の研究』京都大学出版会、二〇〇五年
羅振玉『増訂　殷虚書契考釈』東方学会、一九二七年（『羅雪堂先生全集』第三編所収、文華出版、一九七〇年）
頼惟勤監修『説文入門』大修館書店、一九八三年
李学勤主編『字源』天津古籍出版社、二〇一二年
李学勤・斎文心・艾蘭『英国所蔵甲骨集』中華書局、一九八五年
李学勤・彭裕商『殷墟甲骨分期研究』上海古籍出版社、一九九六年
李鍾淑・葛英会『北京大学珍藏甲骨文字』上海古籍出版社、二〇〇八年
李済／国分直一訳『安陽発掘』新日本教育図書、一九八二年
李珍華・周長楫『漢字古今音表』中華書局、一九九三年
劉雨・盧岩『近出殷周金文集録』中華書局、二〇〇二年
劉雨・盧岩『近出殷周金文集録　二編』中華書局、二〇一〇年
梁思永・高去尋『一〇〇一号大墓』（侯家荘・河南安陽侯家荘殷代墓地二）中央研究院歴史語言研究所、一九六二年
林澐「小屯南地発掘與殷墟甲骨断代」『古文字研究』九、一九八四年

図表一覧

用語解説

索引

時代

○磁山《じざん》・裴李岡《はいりこう》文化　黄河中流域で現在確認されている最古の新石器文化。紀元前六千〜前五千年ごろ。すでに農耕や牧畜を行っており、また灰陶《かいとう》と呼ばれる素朴な土器も使用していた。人々は集落を形成しており、墓地も発見されている。

○仰韶《ぎょうしょう》文化　黄河中流域の新石器文化。紀元前五千〜前二千五百年ごろ。集落の規模が大きくなり、また防御用の環濠《かんごう》を設けていた。土器としては灰陶のほか彩陶《さいとう》を製作しており、その文様から当時の信仰が部分的に推定できる。また彩陶には陶文《とうぶん》が刻まれることもある。

○竜山《りゅうざん》文化　仰韶文化に続く新石器文化。紀元前二千五百〜前二千年ごろ。黄河中流域を中原《ちゅうげん》竜山文化、下流域を山東《さんとう》竜山文化と呼ぶ。城壁で囲まれた小都市が出現し、また黒陶《こくとう》を使用していた。

○二里頭《にりとう》文化　中国最古の青銅器文化であり、最初の王朝が起こった。紀元前二十〜前十六世紀。二里頭遺跡が当時の都であったと推定されており、宮殿や青銅器工房が発見されている。

○殷《いん》王朝　中国で二番目の王朝。紀元前十六〜前十一世紀。前期は考古学的には二里岡《にりこう》文化と呼ばれ、鄭州《ていしゅう》遺跡が都であったと推定されている。後期は殷墟《いんきょ》文化と呼ばれ、殷墟遺跡（甲骨文字では「商」と呼ばれる）に都が置かれた。殷代後期には大量の甲骨文字《こうこつもじ》が作られた。

○西周《せいしゅう》王朝　殷《いん》王朝を滅ぼして建国した。紀元前十一〜前八世紀。封建《ほうけん》制度や新しい儀礼などを創始し、殷よりも安定した支配を行った。また金《きん》文《ぶん》が盛んに製作された。

○春秋戦国《しゅんじゅうせんごく》時代　周王朝が東方に遷都した後の時代。東周王朝。紀元前八〜前三世紀。春秋時代（紀元前八〜前五世紀）には周王室の権力が衰え、諸侯が独自の外交を展開し、広域を同盟下に置いた覇者《はしゃ》が出現した。戦国時代（紀元前五〜前三世紀）には覇者の支配体制も失われ、また徴兵制も普及し、大規模な戦闘が多発した。当時は文字の形も各国で異なっていた。

○秦《しん》王朝　始皇帝《しこうてい》により、紀元前二二一年に初めて中国全土を統一的に支配した王朝。万里の長城を整備し、また長さや体積などの単位を統一した。篆書《てんしょ》を制定したのも始皇帝である。ただし、始皇帝の死後まもなく反乱によって滅亡した。

○前漢《ぜんかん》王朝　劉邦《りゅうほう》により建国。紀元前二〇二～後八年。始皇帝の制度の大部分を継承し、また文字としては隷書《れいしょ》が使われ始めた。

○後漢《ごかん》王朝　王莽《おうもう》の簒奪の後、前漢皇室傍系の劉秀《りゅうしゅう》が建国。西暦二五～二二〇年。隷書が普及した。許慎《きょしん》が『説文解字《せつもんかいじ》』を著したのも後漢代である。

○唐《とう》王朝　李淵《りえん》により建国。六一八～九〇七年。すでに楷書の基礎が完成しており、発音としては中古音《ちゅうこおん》が用いられた。また韻書《いんしょ》が作られるようになっており、反切《はんせつ》によって字音が表記された。

○北宋《ほくそう》王朝　趙匡胤《ちょうきょういん》により建国。九六〇～一一二七年。軍事的には弱かったが、高度な士《し》大夫《たいふ》文化があり、また科学技術でも羅針盤や火薬が発明された。印刷技術も普及し、宋朝体《そうちょうたい》が用いられた。しかし、北方の女真《じょしん》族（金《きん》王朝）によって華北を奪われ、以後、中国は文化的に停滞した。

○清《しん》王朝　北方の女真《じょしん》族（満洲《まんしゅう》族）による建国であり、中国全土を支配した。一六三六～一九一二年。満洲貴族が権力を握り、漢族は冷遇された。その影響もあって考証学《こうしょうがく》が起こり、金石学《きんせきがく》や音韻学《おんいんがく》が発達した。

書体

○陶文《とうぶん》　陶器に記された記号や文字。原始の記号は仰韶《ぎょうしょう》文化に出現していた。

○甲骨文字《こうこつもじ》　亀の腹甲や牛の肩甲骨に刻まれた文字。甲骨占卜の内容が記されている。

○金文《きんぶん》　青銅器に鋳込まれた文字。殷《いん》代後期に始まり、西周《せいしゅう》代に隆盛した。西周代の金文は、主に当時の儀礼が記されている。春秋《しゅんじゅう》時代や戦国《せんごく》時代の金文も存在する。

○戦国古文《せんごくこぶん》　戦国《せんごく》時代に使われた文字の総称。その中には、『説文解字《せつもんかいじ》』に記された字体（古文《こぶん》・籀文《ちゅうぶん》）のほか、官吏が用いた竹簡の文字なども含まれる。「古文」は、狭義には『説文解字』に掲載された戦国時代の東方の文字を指すが、戦国古文の略称として使われることもある。

○篆書《てんしょ》　秦《しん》の始皇帝《しこうてい》がそれまで複数あった字体を統一したもの。戦国時代の秦の字体を元にしているが、新出の字形も見られる。

○隷書《れいしょ》　漢《かん》代の官吏が主に使用していた字体であ

り、篆書《てんしょ》よりも簡略化されている。一部に戦国時代の竹簡文字を継承したものが見られる。
○楷書《かいしょ》　現在も使われている漢字の字体。製紙技術の改良などによって発達し、魏晋南北朝《ぎしんなんぼくちょう》時代に基礎が完成した。
○新字体　現代日本の学校教育で導入された字体。俗字や省略形などを元に、暗記や筆書が容易な字形が採用されているため、伝統的な漢字の構造を崩していることが多い。

漢字の成り立ち

○字源《じげん》　漢字の字形の成り立ちを指す。言葉の成り立ちについては「語源《ごげん》」と呼称する。
○象形《しょうけい》文字　物体の形を象《かたど》った文字。絵文字を元にしているが、簡略化や強調などがされることもある。
○指事《しじ》文字　象形《しょうけい》文字に点や線などの指事記号《しじきごう》を加えて部位や状態などを表した文字。指事記号だけで構成された文字もある。
○会意《かいい》文字　象形《しょうけい》文字や指事《しじ》文字を組み合わせて、動作や様子を表した文字。構成要素の説明では各部分を「従う」と表記することもある。
○形声《けいせい》文字　意味を表す部分（意符《いふ》）と発音を表す部分（声符《せいふ》）を組み合わせた文字。甲骨文字の段階では少ないが、後代に作られた文字はほとんどが形声文字である。
○意符《いふ》　形声《けいせい》文字のうち意味（おおまかな分類）を表す部分であり、例えば「室（）」であれば「宀《べん》（）」の部分。構成要素の説明として「従う」と表記することもある。
○声符《せいふ》　形声文字のうち発音を表す部分であり、例えば「室（）」であれば「至（）」の部分。構成要素の説明として「声《こえ》」と呼ぶこともある。漢字の発音は時代による変化があるので、形声文字とその声符は、現在では必ずしも発音が一致しない。
○亦声《えきせい》　形声《けいせい》文字の声符《せいふ》が発音だけでなく意味も表す場合、その部分を亦声と呼ぶ。また、会意《かいい》文字の部分が意味だけではなく発音の表示も兼ねる場合にも亦声として扱われる。北宋《ほくそう》代に流行した「右文説《うぶんせつ》」は、形声文字の声符を積極的に亦声として解釈しようとしたものである。

○仮借《かしゃ》　当て字の一種。同じ発音の別の文字を借りて表現する用字法。特に当て字の用法だけが定着したものを仮借文字と呼ぶ。
○転注《てんちゅう》　許慎《きょしん》が発見したとされる用字法であり、派生字を指すが、具体的な例が挙げられておらず、その定義には諸説がある。

漢字の形と意味

○字形　漢字の要素のうち、文字の形を指す。時代によって大きく変化することもある。
○分化　古くは同じ形だった文字やその一部が後代の字形で異なる形に変わったもの。
○同化　古くは異なる形だった文字やその一部が後代の字形で同じ形になったもの。
○初文《しょぶん》　後代に文字の構造が変化した場合、変化する前の字形を初文と呼ぶ。例えば「𠫔」であれば「云《うん》」が初文。
○繁文《はんぶん》　後代に文字の構造が変化した場合、変化した後の字形を繁文と呼ぶ。「後起の字形」などとも言う。例えば「𠫔」であれば「雲」が繁文。
○部首　許慎《きょしん》が初めて採用した漢字の分類方法。当初は複雑であったが、後に整理された。ただし、漢字の分類として便宜的に設定されるものであるため、論理的に決めることが困難な場合もある。また、字形には時代による変化があるため、古代文字の部首は必ずしも楷書の部首とは一致しない。
○字義《じぎ》　漢字の要素のうち、文字の意味を指す。字義は時代が降ると増加する傾向がある。
○原義《げんぎ》　最初に文字が作られた段階で表した意味。その字形が直接的に表すもの。
○引伸義《いんしんぎ》　派生した意味。字形が直接的に表すものではないが、結果としてその文字の意味として使われるようになったもの。
○字釈《じしゃく》　本書では、古代文字が表す意味を元に楷書に置き直したものを字釈と呼ぶ。
○隷定《れいてい》　本書では、古代文字の字形を優先して楷書に置き直したものを隷定と呼ぶ。

漢字の発音

○字音《じおん》　漢字の要素のうち、文字の発音を指す。時代による変化が見られる。殷《いん》代（甲骨文字）の発音は判明していない。

○上古音《じょうこおん》　周《しゅう》代〜秦漢《しんかん》代の発音または発音体系を指す。春秋《しゅんじゅう》時代の詩を集めた『詩《し》（詩経《しきょう》）』が中心資料であり、その押韻《おういん》から字音《じおん》の復元が試みられている。研究者によって発音記号の使用方法に違いがあり、本書では近似のアルファベット表記を用いる。

○押韻《おういん》　『詩経《しきょう》』などで用いられる技法であり、主母音《しゅぼいん》と韻尾《いんび》の共通点によって韻を踏むもの。字音復元の手がかりとなる。伝統的な音韻学《おんいんがく》では「某部」と分類される。

○中古音《ちゅうこおん》　中世の発音または発音体系。唐《とう》代初期を典型とする。中世には反切《はんせつ》によって字音《じおん》の表示が行われた。

○漢音《かんおん》　遣唐使などを通して日本にもたらされた漢字の発音体系。中古音を元にして、それを日本語に合わせて簡略化したもの。中国で直接学ばれ、また清音化が進んでいるため、古代文字の解釈に適していることが多い。

○呉音《ごおん》　漢音よりも早く日本に入った漢字の発音体系であるが、個別に学ばれたため、元の発音体系から乖離《かいり》している場合がある。

○現代音　現代中国の発音であり、主に標準語（普通話）を指す。韻母《いんぼ》が簡略化されており、上古音《じょうこおん》や中古音《ちゅうこおん》より字音《じおん》の種類が減少している。

○声母《せいぼ》　字音《じおん》のうち冒頭の子音を指す。「声《せい》」とも呼ばれる。

○韻母《いんぼ》　字音《じおん》のうち冒頭の子音を除いた部分。「韻《いん》」とも呼ばれる。主となる母音（主母音《しゅぼいん》）のほか、冒頭（韻頭《いんとう》）に介音《かいおん》が付されたり、末尾（韻尾《いんび》）に子音が付されたりする。

○反切《はんせつ》　二つの文字で声母《せいぼ》と韻母《いんぼ》を表示する技法。

○声調《せいちょう》　イントネーションによって文字や意味を識別するもの。同じ字音でも声調が異なれば意味も異なることになる。

○陽声《ようせい》　鼻音で終わる字音。末尾が[-m][-n][-ng]のいずれかになる。

○陰声《いんせい》　伝統的な音韻学では母音で終わる字音とされる。カールグレンや藤堂明保《とうどうあきやす》は上古音の陰声を[-r][-d][-g]で終わる発音とした。

○入声《にっしょう》　閉塞する無声子音で終わる字音。末尾が[-p][-t][-k]のいずれかになる。

甲骨文字の字体と文章

○甲骨占卜《こうこつせんぼく》　骨の薄い部分に熱を加え、出現したひび割れで将来を占うもの。殷《いん》代後期には牛骨・亀甲が使用され、また占卜の内容が使用した甲骨に彫刻された。殷代には、甲骨占卜が操作されており、吉が出やすいように甲骨の背面に加工が施されている。

○拓本《たくほん》　甲骨文字や金文などを写し取る方法のひとつであり、文字が刻まれた媒体に紙を押し付け、その上から墨を塗布する。結果として文字の窪んだ部分が白く浮き上がる。

○異体字《いたいじ》　甲骨文字では同じ意味の文字でも異なる字形が使用されることが多く、それを異体字と呼ぶ。

○反転字《はんてんじ》　甲骨文字では、左右が逆の形であっても同じ意味として通用する。例外は向きによって意味を表す「右（）」と「左（）」だけである。

○合文《ごうぶん》　複数の文字を組み合わせて熟語を表現する方法。甲骨文字では比較的多く使われている。「十二月（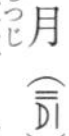）」「二百（）」など。

○亡失字《ぼうしつじ》　古代には存在したが後代に使われなくなった文字。楷書には残っていないが、隷定《れいてい》によって擬似的に楷書のように表現することができる。

○甲骨文字の文法　後代の漢文の文法とほぼ同じであり、書《か》き下《くだ》しを応用することができる。難解な助辞《じょじ》や複雑な長文は少なく、後代の漢文に比べて文法的には平易である。

○書《か》き下《くだ》し　返り点や送りがなをつけ、漢文を日本語（古語）のようにして読む技法。

○助辞《じょじ》　日本語で言う助詞や助動詞などの総称。助字《じょじ》とも言う。発語の「惟（これ）」、起点を表す「自（～より）」、否定の意味の「不（～ず）」など。

○前辞《ぜんじ》　「干支《かんし》卜某貞《ぼくぼうてい》」を典型とし、占卜を行った際の状況を記した部分。

○干支《かんし》　十干《じっかん》と十二支《じゅうにし》を組み合わせて日付を表示したもの。十と十二の最小公倍数である六十で一巡する。後代には年数などの表示にも転用された。

○貞人《ていじん》　占卜儀礼の担当者。前辞《ぜんじ》に署名することもある。

○命辞《めいじ》　占卜内容の部分。将来について問うものであり、多様な記述がある。

○繇辞《ちゅうじ》　吉凶判断の部分。甲骨占卜の吉凶判断は、儀礼の担当者である貞人《ていじん》ではなく、ほとんどの場合、殷《いん》王自身が行っている。

○験辞《けんじ》　実際にどのようなことが起こったのかを記録した部分。一部は吉凶判断の正解を装うために牽強附会《けんきょうふかい》の解釈がされている。

○右行《うこう》　甲骨文字は、通常とは逆に左の行から書き出して右の行に進んでいくことがあり、これを右行と呼ぶ。ちなみに、牛骨に彫刻する場合には最下段が第一段落になることが多く、上下の順も現代とは異なる。

字源研究者

○許慎《きょしん》　後漢《ごかん》代に『説文解字《せつもんかいじ》』を著した（西暦一〇〇年に成書）。現存するものとしては中国最古の字典。本書では『説文《せつもん》』と略す。篆書《てんしょ》を中心に文字の成り立ちなどを分析し、かつ膨大な文字を対象としたため、甲骨文字が発見されるまでは文字学の権威として存在し続けた。しかし、甲骨文字の発見後、誤りが多くあることが判明した。

○徐鉉《じょげん》　北宋《ほくそう》成立期に弟の徐鍇《じょかい》の研究を引き継いで『説文解字《せつもんかいじ》』に注釈を加えた。これが現在、最も広く普及している刊本である。

○段玉裁《だんぎょくさい》　清《しん》朝考証学者の一人。上古音《じょうこおん》の復元作業や『説文解字』の注釈（『説文解字注《せつもんかいじちゅう》』）で知られる。

○王懿栄《おういえい》　甲骨文字の発見者。清《しん》代末期の混乱で自殺しており、研究は羅振玉《らしんぎょく》や王国維《おうこくい》らに引き継がれた。

○加藤常賢《かとうじょうけん》　一八九四年生、一九七八年没。発音（中古音《ちゅうこおん》や漢音《かんおん》）を中心に文字の成り立ちを分析し、多くの文字を形声《けいせい》文字として解釈した。著作に『漢字の起原』などがある。

○藤堂明保《とうどうあきやす》　一九一五年生、一九八五年没。上古《じょうこ》音《おん》の復元とグループ化を行い、それに基づいて字源を分析した。多くの文字を亦声《えきせい》を含むものとして解釈した。著作に『学研　漢和大字典』などがある。

○白川静《しらかわしずか》　一九一〇年生、二〇〇六年没。中国古代の文化や思想に注目し、多くの文字について原始信仰や呪術儀礼を字源と見なし、会意《かいい》文字として解釈した。著作に『字統《じとう》』などがある。

○カールグレン（Bernhard Karlgren）　一八八九

年生、一九七八年没。西洋で発達した言語学を漢字に応用し、上古音《じょうこおん》や中古音《ちゅうこおん》を復元した。また字音のグループ化も試みており、藤堂明保の研究に大きな影響を与えた。著作に"GRAMMATA SERICA RECENSA"などがある。

○王力《おうりき》　一九〇〇年生、一九八六年没。伝統的な音韻学《おんいんがく》の大成者。著作に『漢語史稿』などがある。その系統に郭錫良《かくしやくりょう》『漢字古音手冊』や李珍華《りちんか》・周《しゅう》長楫《ちょうしゅう》『漢字古今音表』などがあるが、それぞれの研究における字音復元は必ずしも一致しない。

文字索引

本書で解説した漢字を新字体の画数順に挙げた。各画数の内部は一般的な音読みの五十音順で配列している。亡失字には「＊」をつけ、また初文の形は〈　〉の中に表示し、派生字には《　》に入れた。

落合淳思 おちあい・あつし

一九七四年生まれ。立命館大学大学院文学研究科博士課程修了。専門は中国の古代文字と古代史。著書に『甲骨文字小字典』（筑摩選書）、『甲骨文字に歴史をよむ』（ちくま新書）、『殷代史研究』（朋友書店）、『甲骨文字の読み方』『古代中国の虚像と実像』（ともに講談社現代新書）などがある。

筑摩選書　0089

漢字《かんじ》の成《な》り立《た》ち　『説文解字《せつもんかいじ》』から最先端《さいせんたん》の研究《けんきゅう》まで

二〇一四年四月一五日　初版第一刷発行
二〇一九年九月二〇日　初版第三刷発行

著　者　落合淳思《おちあいあつし》

発行者　喜入冬子

発　行　株式会社筑摩書房
東京都台東区蔵前二-五-三　郵便番号　一一一-八七五五
電話番号　〇三-五六八七-二六〇一（代表）

装幀者　神田昇和

印刷　製本　中央精版印刷株式会社

ISBN978-4-480-01594-5 C0387

筑摩選書 0006

我的日本語 The World in Japanese

リービ英雄

日本語を一行でも書けば、誰もがその歴史を体現する。異言語との往還からみえる日本語の本質とは。日本語を母語とせずに日本語で創作を続ける著者の自伝的日本語論。

筑摩選書 0013

甲骨文字小字典

落合淳思

漢字の源流「甲骨文字」のうち、現代日本語の基礎となっている教育漢字中の三百余字を収録。最新の研究でその成り立ちと意味の古層を探る。漢字文化を愛する人の必携書。

筑摩選書 0022

日本語の深層 〈話者のイマ・ココ〉を生きることば

熊倉千之

日本語の助動詞「た」は客観的過去を示さない。文中に遍在する「あり」の分析を通して日本語の発話の「イマ・ココ」性を究明し、西洋語との違いを明らかにする。

筑摩選書 0025

芭蕉 最後の一句 生命の流れに還る

魚住孝至

清滝や波に散り込む青松葉——この辞世の句に、どのような思いが籠められているのか。不易流行から軽みへ、境涯深まる最晩年に焦点を当て、芭蕉の実像を追う。

筑摩選書 0061

比喩表現の世界 日本語のイメージを読む

中村明

比喩は作者が発見し創作した、イメージの結晶であり世界解釈の手段である。日本近代文学選りすぐりの比喩表現を鑑賞し、その根源的な力と言葉の魔術を堪能する。

筑摩選書 0080

書のスタイル 文のスタイル

石川九楊

日本語の構造と文体はいかにして成立したのか。東アジアのスタイルの原型である中国文体の変遷から日本固有の文体形成史をたどり、日本文化の根源を解き明かす。